"全国爱国主义教育示范基地巡礼"系列图书

武汉革命

博物馆

WUHAN GEMING
BOWUGUAN

本书编写组 —————— 编

学习出版社

编纂委员会

目　录

◀ 特色活动

基地简介

武汉革命博物馆组建于 1997 年，下辖毛泽东同志主办的中央农民运动讲习所旧址纪念馆、毛泽东旧居纪念馆、中共五大会址纪念馆暨陈潭秋烈士纪念馆、武昌起义门、中国共产党纪律建设历史陈列展 5 处革命旧址和红色场馆，负责武汉地区近现代文物的征集、收藏、保护、研究、展示和武汉近现代史、中共党史和大革命史的研究，现为国家一级博物馆、全国重点文物保护单位、全国爱国主义教育示范基地、全国廉政教育基地、全国百个红色旅游经典景区、国家 AAAA 级旅游景区、全国文明单位、全国法治宣传教育基地、全国关心下一代党史国史教育基地、全国首批"大思政课"实践教学基地。

博物馆占地面积 3.2 万平方米，现有复原陈列 26 处、基本陈列 10 个，馆藏文物 2.8 万件（套），其中珍贵文物 1006 件（套）。每年举办、引进、输出展览 10 余场，开展线上线下社教活动 100 余次，年接待游客 200 万人次以上。

武汉革命博物馆导览图

一、历史沿革

武汉革命博物馆为"一块牌子，五处场馆"格局。

毛泽东同志主办的中央农民运动讲习所旧址纪念馆于 1958 年经湖北省委批准筹建，1963 年 4 月正式对外开放。

1967 年复原修建的毛泽东旧居，隶属毛泽东同志主办的中央农民运动讲习所旧址纪念馆。

1981 年武汉市政府拨专款对武昌起义门城楼进行修缮，并设立武昌起义门管理所，隶属毛泽东同志主办的中央农民运动讲习所旧址纪念馆。

1983 年武汉市政府再拨专款对陈潭秋烈士早期开展革命活动的武昌高等师范附属小学旧址进行修缮，辟"中共五大历史"和"陈潭秋在武汉" 2 个陈列室，并批准成立陈潭秋烈士纪念馆，由毛泽东同志主办的中央农民运动讲习所旧址纪念馆管理。

1997 年经武汉市政府批准，正式成立武汉革命博物馆，与毛泽东同志主办的中央农民运动讲习所旧址纪念馆"两块牌子，一套班子"，馆址设在武昌农讲所旧址内。

2007 年 11 月 30 日，中共五大会址纪念馆建成并对外开放，隶属武汉革命博物馆。

2019 年 5 月，在中央纪委、湖北省委高度重视下和湖北省纪委、武汉市委领导下，由武汉市纪委主持建设的中国共产党纪律建设历史陈列展建成开放，隶属武汉革命博物馆。

二、建筑基本情况

毛泽东同志主办的中央农民运动讲习所旧址（以下简称武昌中央农民运动讲习所旧址）、毛泽东同志旧居、中国共产党第五次全国代表大会旧址（以下简称中共五大会址）分别为晚清学宫式建筑、晚清江南民居和近代教育建筑。三大全国重点文物保护单位聚集在武昌都府堤与红巷之间长 400 多米的区间内，合围出一片具有浓郁晚清建筑风格的历史街区，形成较为完整的建筑符号体系，是武汉革命博物馆主体建筑中极具代表性的不可移动文物。

（一）武昌中央农民运动讲习所旧址

武昌中央农民运动讲习所旧址位于武汉市武昌区中华路街红巷 13 号，原为张之洞创办的北路小学堂校舍，主体建筑始建于 1903 年，是武汉市现存唯一保存完好的晚清学宫式建筑。

武昌中央农民运动讲习所旧址坐北朝南，占地面积 14750 平方米，建筑面积7650平方米。旧址建筑主体为4座传统砖木结构建筑，斗拱与榫卯保存完好，基调为青砖灰瓦，均建在平均高约1.2米的高台上，走势沿水平面延伸，与正门处于同一中轴线上。第一排房间自东向西依次为总队部、常委办公室、教务处、事务室、庶务室、医务室等复原陈列，第二排建筑为大教室及临时展厅，第三排的二层楼房为复原的学生寝室及展厅，第四排为复原的膳堂。一排、二排间有风雨回廊相连，三排、四排之间亦然；二排、三排之间有一个面积约为2800平方米的大操场，将农讲所分为两个区域，前两排为教学区域，后两排为生活区域。

1958年2月，湖北省委批准省文化局1957年10月提出的《关

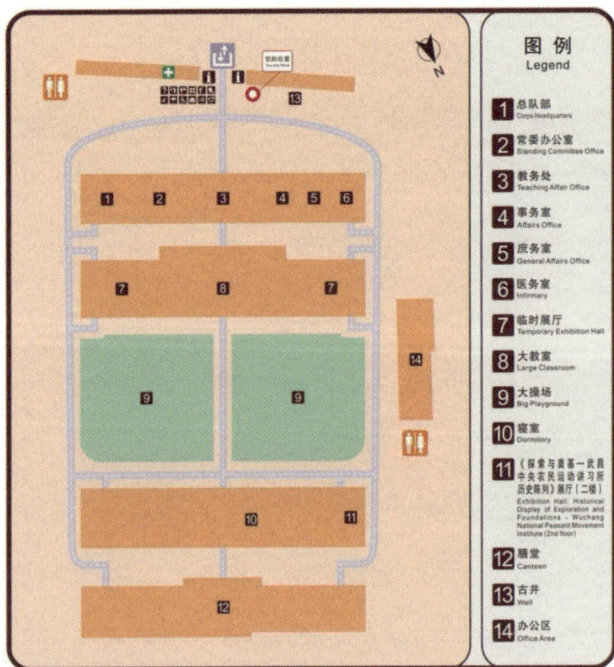

武昌中央农民运动讲习所旧址导览图

于筹建农民运动讲习所纪念馆的初步方案》的报告。同年 6 月，成立纪念馆筹备处，进行原建筑的复原修缮和原状陈列的调查，准备建成革命纪念馆。当时，首要工作是复原旧址的房屋结构、房间格局、环境风貌等，达到"恢复原貌、以存其真"的目的。筹备处工作人员开展大量调查，把当年在农讲所工作、学习过的同志请来农讲所作现场回忆。经过反复核实确认后，方确定复原方案。1958 年 12 月，周恩来同志亲笔题写"毛泽东同志主办的中央农民运动讲习所旧址"馆名。1959 年筹备工作完成，1963 年 4 月 4 日正式开放。1981 年，武昌中央农民运动讲习所旧址被湖北省人民政府公布为省级文物保护单位。2001 年 6 月，被国务院公布为第五批全国重点文物保护单位。

（二）毛泽东同志旧居

毛泽东同志旧居位于武昌都府堤 41 号，是毛泽东 1927 年主持武昌农讲所工作并在武汉从事革命活动时的办公地兼居所，是当时中共中央农委的所在地，也是毛泽东、杨开慧一家最后团聚的地方。毛泽东在这里完成了著名的《湖南农民运动考察报告》。毛泽东同志旧居坐东朝西，砖木结构，青砖灰瓦，有硬山封火墙，大门处为单坡屋檐，墙体有门楣装饰，朱红色的板门上装有门钉、门钹。毛泽东同志旧居占地面积 3648.7 平方米，建筑面积 2053.9 平方米，院内三进三天井，内隔断均为木质板壁和隔扇门窗，后檐有门，贯通呼应。地面装有石质双钱式地漏，厅堂中有亮瓦，采光充分，净空很高，适应了武汉的气候特点，具有典型江南民居风格，体现了武汉地域建筑特征。正门额上挂木质红色横匾，上有"毛泽东同志旧居"7个金色大字，是郭沫若同志题写的。

旧居原建筑在1954年因修建武昌儿童公园而被拆除。1967年，

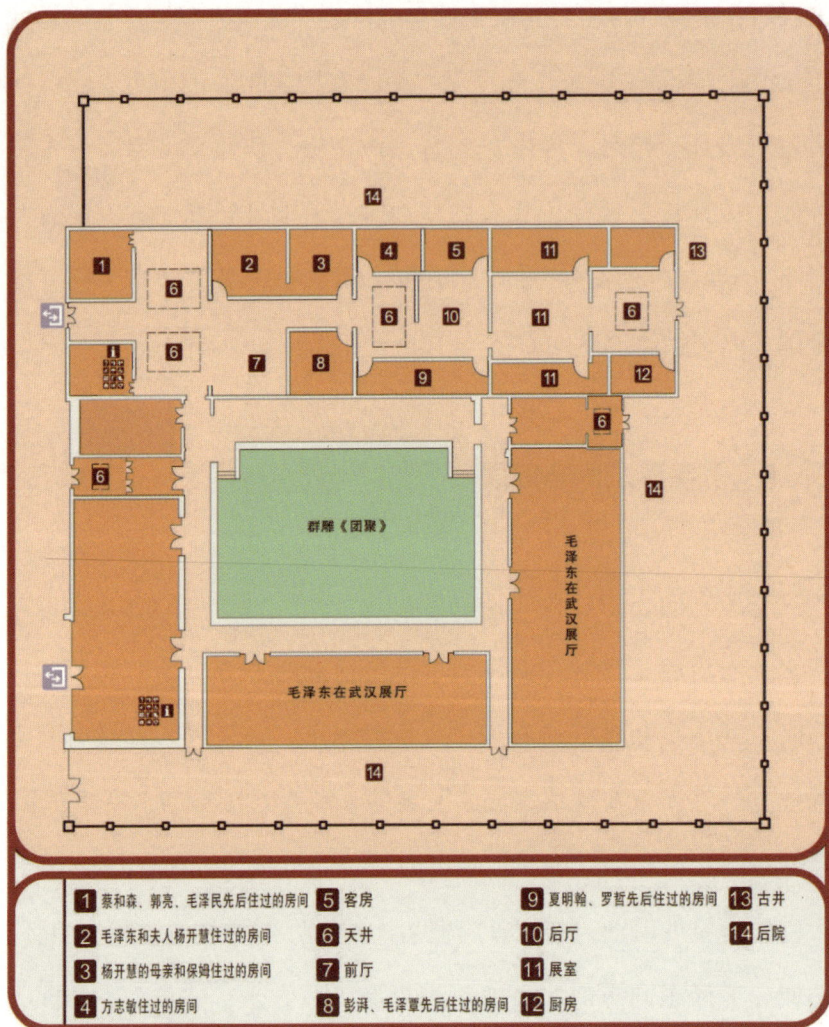

1	蔡和森、郭亮、毛泽民先后住过的房间	5	客房	9	夏明翰、罗哲先后住过的房间	13	古井
2	毛泽东和夫人杨开慧住过的房间	6	天井	10	后厅	14	后院
3	杨开慧的母亲和保姆住过的房间	7	前厅	11	展室		
4	方志敏住过的房间	8	彭湃、毛泽覃先后住过的房间	12	厨房		

毛泽东同志旧居导览图

武汉市革委会决定对原址进行重修复原。1967 年 2 月，旧居修复工程开始筹备，邀请陈玉英（毛泽东家保姆）、郑益健（郑家钧，夏明翰夫人）、曹云芳（罗哲夫人）、杨开智（杨开慧兄长）、李一纯（农讲所音乐教员）、许文煊（杨开慧同学）、周文楠（毛泽覃夫人）、钟皿浪（农讲所军事教官）等老同志及当年房东、邻居举行座谈会回忆房屋原貌。同年 8 月基建完工。

1977 年，湖北省委、武汉市委为纪念毛泽东同志逝世一周年，在旧居南侧修建辅助陈列馆。陈列馆采用砖木结构，属于民居风格，合院式建筑，外观风格与旧居协调，建筑面积 634.9 平方米，是 20 世纪 70 年代的标准展厅。1977 年对外开放。

2001 年，毛泽东同志旧居被国务院公布为全国重点文物保护单位。2004 年，被中宣部等 7 部委公布为全国百个重点建设的红色旅游经典景区。现展出有基本陈列"毛泽东在武汉"。

（三）中共五大会址

中共五大会址位于武昌都府堤 20 号，原为武昌高等师范附属小学，占地面积 7930.8 平方米，建筑面积 3735.8 平方米，内有 7 栋中西结合的砖木结构建筑，即临街门楼、马蹄形教学楼、小礼堂、风雨操场（学生下雨天上体育课的地方）、教职工宿舍及附属建筑。其中临街的两层楼与马蹄形建筑，是当年教职人员办公楼和学生教室，均为 1918 年建校时的原建筑。小礼堂、风雨操场和教职工宿舍，均为 2007 年建馆时复原重建。

会址为中西合璧的武汉近代教育建筑，既吸收了西方教会学校建筑元素，也体现了具有地域特征的传统建筑风格。学校当街为二层门楼，为西方古典主义风格，上有巴洛克式花雕，入口两侧开间二层各设一小阳台，铁花栏杆。进入门楼，右侧有一组马蹄形建筑，由 3 栋砖木结构平房组成，呈三面围合型院落，合院中有一座六角亭。这组建筑为内廊式布局，设有互相连通的通廊和环绕建筑四周的游廊。建筑整体色调为青瓦灰砖红柱，内设推拉式玻璃窗和

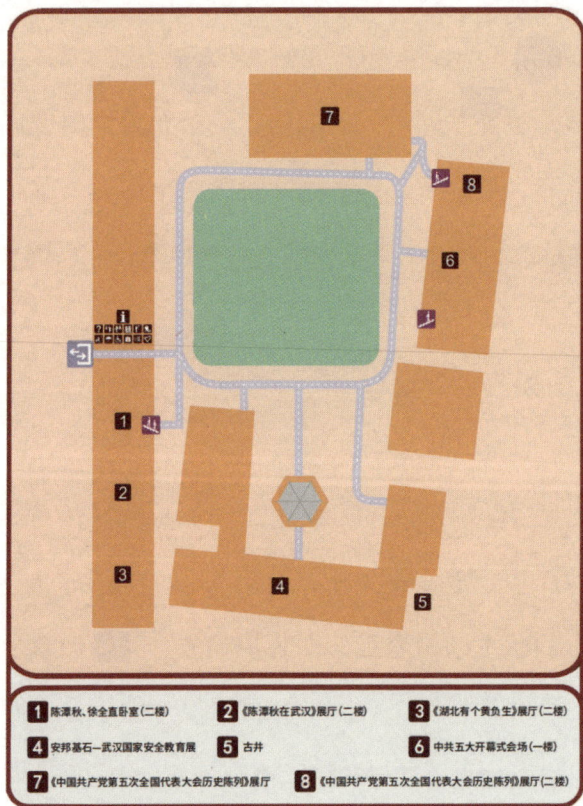

中共五大会址导览图

通风气窗，具有鲜明的地域特征。

1956年，中共五大会址被湖北省人民政府公布为省级文物保护单位。20世纪60年代，小礼堂、风雨操场因成危房而被拆除，教职工宿舍则重建为5层的宿舍楼。1983年，武汉市政府对陈潭秋烈士早期开展革命活动的武昌高师附小旧址进行修缮，开辟"中共五大历史"和"陈潭秋在武汉"2个陈列室，批准成立陈潭秋烈士纪念馆。同年9月27日，陈潭秋烈士纪念馆建成，由陈云同志题写馆名。

2006年10月，武汉市委、市政府决定将位于都府堤20号的中共五大开幕式会址辟为中共五大会址纪念馆。中共五大会址保护修缮方案和施工图由武汉理工大学建筑学院设计，在设计过程中深入挖掘历史资料，广泛征求专家意见，方案经湖北省文化厅批准，并报国家文物局备案。根据文物维修工程管理的规定，选定有国家文物局认定的具有一级文物施工资质、来自北京的专业公司为中共五大会址基建工程的施工单位，对文物建筑严格按原材料、原工艺、原方法进行修缮。如会址两组文物建筑的廊柱、门窗等木构件均为国漆油饰，运用血料、生漆、麻布等传统材料，采用"一麻五灰"13道传统工序完成油饰工程。对施工中发现的建筑历史信息，如马蹄形教学楼窗下的气窗、上下滑动的窗户等进行及时调整设计，完全按原工艺保护修复。为使其富有时代特色，专门定制20世纪二三十年代普遍使用的白色荷叶边灯罩和白瓷葫芦形灯具。2007年11月，中共五大会址纪念馆竣工，并对外开放。2013年，被国务院公布为第七批全国重点文物保护单位。

（四）中国共产党纪律建设历史陈列展

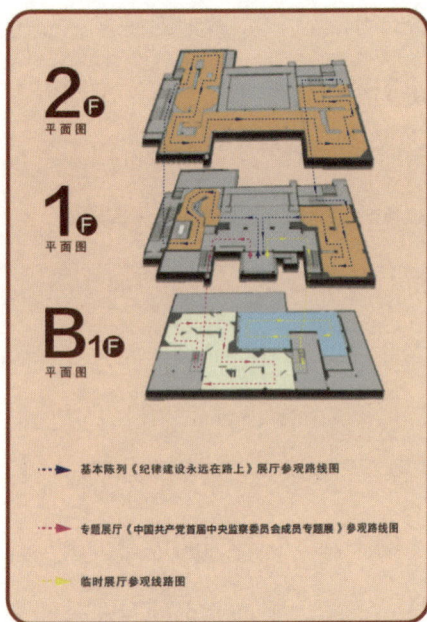

中国共产党纪律建设历史陈列展导览图

中国共产党纪律建设历史陈列展位于武昌都府堤18号，2016年3月启动筹建，历时3年，于2019年5月9日正式对外开放。陈列馆总建筑面积6848.3平方米，其中地上3层，地下1层。一楼大厅设有咨询台、存物处，负一层、二层、三层都配备卫生间及净化的饮用水供游客使用，负一层及二层设有游客休息区。馆内设置放映室、贵宾接待室以及会议室供游客集体参观、学习。现展出有基本陈列"纪律建设永远在路上——中国共产党纪律建设历史陈列"和"信仰铸忠魂——中国共产党首届中央监察委员会成员专题展"。

（五）武昌起义门

武昌起义门位于武昌首义路南端，原名中和门，是武昌古城十大城门之一，始建于明洪武年间，距今有 600 多年历史。

1911 年 10 月 10 日，武昌起义爆发后，由湖北新军参与的革命军占领并打开中和门。1912 年，中和门改名为起义门。1913 年，恢复了中和门原名。1926 年 10 月 10 日，北伐军攻克武昌后，为拓展市区，拆除了武昌城墙和城楼，中和门因在辛亥首义中的重要作用而得以保留。

中华人民共和国成立后，恢复起义门名称。1981 年，为纪念辛亥革命武昌起义 70 周年，武汉市修复城门城楼。现起义门高 7.1 米，宽 5 米。城门上方嵌有长方形石匾，楼额上刻有"起义门" 3 个镏金大字，是叶剑英同志 1981 年所题。城楼高 11.3 米，采用钢筋混凝土结构，属抬梁与穿斗相结合的双层建筑，飞檐凌空，两侧是高大厚实的带箭垛的灰色城墙。整个建筑庄重雄伟，极为壮观，具有较高的历史价值和艺术价值。

1956 年，武昌起义门被湖北省人民政府公布为省级文物保护单位。2013 年，被国务院公布为第七批全国重点文物保护单位。

三、历史文化

武汉作为一座具有光荣革命传统的英雄城市，为党和人民军队创建、新中国成立、社会主义革命和建设、改革开放和社会主义现代化建设作出了重要贡献，在中国共产党百余年历史中占有十分重要的地位。位于长江之滨的武昌都府堤历史街区，聚集了党在大革命时期和土地革命战争时期的一系列重大历史事件的革命遗迹，是党在武汉奋斗发展历程的重要缩影，具有深厚的历史文化底蕴。

（一）武昌中央农民运动讲习所旧址

武昌中央农民运动讲习所是第一次国共合作时期，由毛泽东倡议并创办的一所培养农运干部的学校。

随着革命的洪流涌向长江流域，时任中共中央农民运动委员会书记的毛泽东意识到革命急需一大批领导农民运动的干部。他在主

武昌中央农民运动讲习所旧址

持拟订的《目前农运计划》中提出"在武昌开办农民运动讲习所"的主张，得到中共中央的批准。1926 年 11 月底，毛泽东抵汉，邀请国民党湖北省党部合办湘鄂赣三省农民运动讲习所，还亲赴江西、湖南、湖北向三省的国民党省党部提出建议。在时任国民党湖北省党部负责人董必武的大力支持下，国共两党共同筹办了这所学校。

武昌农讲所于 1927 年 3 月 7 日正式上课，4 月 4 日举行开学典礼，共有学员 800 多人。毛泽东任常务委员，主持学校的日常工作。他怀着对中国农民运动的极大热忱，同瞿秋白、彭湃、李立三、恽代英等共产党人和邓演达等国民党左派人士共同指导来自全国 17 个省份的学员，学习革命理论和农运常识、进行军事训练、参加社会斗争。他始终把军事训练放在相当重要的位置，反复强调武装斗争的重要性。他在给学员讲课时指出，搞革命就要刀对刀、枪对枪，要推翻地主武装，必须建立农民自己的武装。刀把子不掌握在自己人手里，就会出乱子。因此，他要求学员紧握手中枪，苦练杀敌本领。1927 年 5 月，麻城发生红枪会会匪枪杀工农群众事件，时任红安县委委员的王树声连夜到武汉求援，董必武找到毛泽东，毛泽东派出 300 名学生兵去平叛，1 个月后凯旋，这是毛泽东军事思想的早期具体实践。

在毛泽东的领导下，农讲所学员中涌现出一批优秀的中坚力量，为中国共产党开展土地革命和创建农村革命根据地储备了农运骨干。武昌农讲所的学员毕业时正值大革命失败前夕，他们都怀着坚定的革命理想，告别武汉回到各地，以农民协会特派员的身份奔赴农村，发动和领导农民运动。大革命失败后，很多学员加入各地武装起义和创建革命根据地的斗争洪流，英勇奋斗，直到生命的最后一刻，为中国革命贡献了自己的青春与热血。在南昌起义、秋收起义、广州起义、黄麻起义等各地武装斗争和长征中都有农讲所学员的身影。戴克敏、刘文蔚、汪奠川参与领导了黄麻起义。川东早期革命家王维舟也是农讲所学员，他在大革命失败后回到川东领导了川东地区第一个武装起义，即固军坝起义，建立川东游击军和川东游击根据地，配合红四方面军入川建立川陕革命根据地，使根据地成为当时全国第二大苏区。王维舟还是工农红军第三十三军的创始人之一。江西籍的学员陈慕平，回到宁冈县任袁文才农民自卫军军事教官，为迎接毛泽东的秋收起义部队上井冈山、创建井冈山革命根据地作出了重要贡献。

可以说，毛泽东倡议并创办的武昌中央农民运动讲习所播下了中国革命的火种并撒向四面八方，许多人成为中国共产党开展土地革命和创建农村革命根据地的中坚力量，为中国革命作出了巨大贡献。

（二）毛泽东同志旧居

毛泽东一生对武汉情有独钟，他一共来武汉 50 多次，18 次在武汉畅游长江。1926 年年底至 1927 年 8 月，是他在武汉居住时间最长的一次，也是毛泽东在革命战争年代最后一次到武汉。

毛泽东同志旧居

　　1926 年 11 月，时任中共中央农委书记、国民党中央候补委员等职务的毛泽东来到武汉。因在武汉从事革命斗争的需要，他在党的安排下租用了武昌都府堤 41 号这栋民宅。这里是毛泽东、杨开慧一家最后团聚的地方，他的第三个儿子毛岸龙在这里出生，他的弟弟毛泽民、毛泽覃也曾在这里居住。他们一家人在这里度过了难得的幸福时光。

　　在武昌农讲所筹备期间，毛泽东以中央农委书记的身份参加中共中央在汉口召开的特别会议。会上，他坚决反对中央作出的错误农民政策，支持湖南区委关于实行土地革命的建议。为了回应党内外对农民运动的种种责难，1927 年 1 月 4 日—2 月 5 日，毛泽东前往湖南的湘潭、湘乡、衡山、醴陵、长沙 5 县，实地考察当地农民运动，用时 33 天，行程 700 多公里。同年 2 月 12 日，他回到武昌都府堤 41 号。不久，他撰写了著名的《湖南农民运动考察报告》，分析了富农、中农和贫农对待革命的不同态度，高度评价各地农民运动，强调在农村建立农民民主政权和农民武装的必要性。该文驳斥了当时党内外对农民运动的责难，成为中国共产党领导农民运动的重要文献。

在武汉，毛泽东指导湘鄂赣豫四省农民代表大会的召开，主办武昌农讲所，筹备并领导全国农民协会，参加农民问题、土地问题讨论会，出席国民党二届三中全会、中国共产党第五次全国代表大会、1927年7月4日中共中央政治局常委会召开的扩大会议和八七会议。1927年8月，毛泽东离开武汉。这里是他革命生涯中浓墨重彩的一页。

当年在这里先后居住过的有蔡和森、彭湃、郭亮、夏明翰、毛泽民、毛泽覃、罗哲等共产党人。

（三）中共五大会址

民国初年，这里是武昌小司湖滩地。1918年，武昌高等师范学校利用这块滩地创办了国立武昌高等师范附属小学。1926年10月，北伐军攻克武昌后，学校进行调整，武昌高等师范学校并入中山大学，这所附属小学更名为国立武昌第一小学。1922年，中国共产党创始人之一、湖北早期共产党主要负责人陈潭秋从武昌高师毕业后在这里任教，他以教书为掩护从事革命活动。因此，从1922年至1927年，这里一度成为湖北革命活动的指挥机关。

中共五大会址

　　1927 年 4 月 27 日，中共五大开幕式在此举行，之后大会在汉口黄陂会馆（会址已毁）继续进行。同年 5 月 10 日，中国共产主义青年团第四次全国代表大会亦在此召开。中共五大是中国共产党历史上的一次重要会议，是幼年中国共产党探索中国革命道路艰难历程中的一个重要环节。大会批评了党内以陈独秀为代表的右倾机会主义错误，探讨了中国革命的一系列基本问题，第一次明确提出争取无产阶级对革命的领导权、建立革命民主政权和实行土地革命等指导中国革命的正确原则，为党的思想理论建设作出了重要贡献。

　　中共五大初步提出了健全党的领导体制和组织体系的一系列措施，第一次将中共中央领导机构改为中国共产党中央委员会，中央委员会设立政治局，政治局设常委，总书记为最高领导人，现在的中央领导体制就是沿用中共五大的。在党的历史上第一次设立中央监察委员会，确立民主集中制为党的指导原则，并写入党章；第一次提出"政治纪律"的概念；第一次提出开办中央党校等，为党的组织建设作出了重大贡献。中共五大委托中央政治局负责制定党章修正案，通过了《中国共产党第三次修正章程决案》，即五大党章。这是党的历史上唯一一次由中央政治局制定的党章修正案。这次修订幅度比较大，由四大党章的6章31条，改为12章85条。据统计，五大党章有16个"第一次"。中共五大选举产生了中央监察委员会，这是党的历史上第一个中央纪律检查监督机构，也是中央纪委的前身。中共五大确立民主集中制为党的指导原则，一大批杰出人才被选入中央领导机构，在党的组织建设上前进了一大步。

（四）中国共产党纪律建设历史陈列展

中国共产党自诞生之日起，始终把革命理想和铁的纪律写在自己的旗帜上。武汉革命博物馆依托中共五大选举产生党的历史上第一个中央纪律检查监督机构——中央监察委员会这一红色资源，在毗邻中共五大会址的武昌都府堤18号，举办中国共产党纪律建设历史陈列展，系统梳理中国共产党纪律建设的历程，全面、客观、真实地反映中国共产党在不同历史时期的纪律建设理念、战略方针及主要成果，用展览诠释党的纪律建设永远在路上。展览于2019年5月9日正式对外开放。2023年6月，在中央纪委、湖北省委

中国共产党纪律建设历史陈列展

领导下，湖北省纪委、武汉市纪委等相关单位对中国共产党纪律建设历史陈列展中党的十九大以来部分内容进行了完善。

（五）武昌起义门

1911 年 10 月 10 日，武昌起义爆发后，由湖北新军参与的革命军占领并打开中和门，迎接驻扎在城外的南湖炮队入城，在城头架炮轰击湖广总督府，经过一夜激战，光复武昌城，由此掀开了中国近代史新的一页。武昌起义成功后，革命党人和起义士兵在湖北省咨议局大楼组建中华民国军政府鄂军都督府，颁发第一号布告，宣布废除清朝帝制，建立中华民国，并通电号召各省份起义，推举原湖北新军协统黎元洪出任军政府都督。武昌起义赢得全国响应，短短 1 个多月，全国有 14 个省份先后宣告独立，革命风暴席卷神

武昌起义门

州大地，结束了 2000 多年的封建君主专制制度。

武昌起义胜利后，中和门被誉为"首义胜利的开端"。1912 年，中和门改名为起义门。1913 年，恢复了中和门原名。1926 年 10 月 10 日，北伐军攻克武昌后，为拓展市区，拆除了武昌城墙和城楼，中和门因在辛亥首义中的重要作用而得以保留。

四、独特优势

（一）地理区位优势突出

武汉革命博物馆位于武昌古城风貌区，西临长江，东靠解放路传统商业街、昙华林历史文化街区，南枕黄鹤楼和武汉长江大桥。毛泽东同志主办的中央农民运动讲习所旧址纪念馆、毛泽东旧居纪念馆、中共五大会址纪念馆暨陈潭秋烈士纪念馆、中国共产党纪律建设历史陈列展 4 处场馆依次排布在武昌都府堤与红巷之间长 400 多米的区间内，构成了国内大城市中少有的红色文化景观一条街。

位于毛泽东同志旧居旁的武昌廉政文化公园，原为建于 20 世纪 50 年代的武昌儿童公园，后称"武昌公园"，为突出周边的红色教育主题，更名为武昌廉政文化公园。园内有中共五大选举产生的中央监察委员会成员群雕。公园内有一条中心景观轴线贯通公园东西，直达中共五大会址纪念馆，与毛泽东同志旧居以透视栏杆相隔，将园林景观与廉政文化相结合，成为游客瞻仰革命先辈、接受廉政文化教育的圣地。

中共五大选举产生的中央监察委员会成员群雕

为保证视界界面的连续、完整，将都府堤（青石桥至火炬路）西侧临街的凌乱房屋拆除，对东侧临街的多层建筑进行了立面和屋顶的改造，以"整旧如旧"的修缮手法，通过增加马头墙、改造门窗檐口等方式，较好地再现了传统历史商业段建筑景观。

（二）红色旅游资源丰富

武汉密集分布的革命旧址级别之高，蕴含的红色历史文化信息之丰富，在国内少见，这些历史主线的遗存保留完整、开发利用合理，成为爱国主义教育的基地和红色文化产业的载体。武汉革命博物馆下辖 4 处全国重点文物保护单位和 1 处红色展馆，是武汉地区规模最大、资源最丰富的纪念性博物馆。毛泽东同志主办的中央农民运动讲习所旧址纪念馆、毛泽东旧居纪念馆成为全国百个红色旅游经典景区的重要旅游区。武汉是中国共产党的发祥地之一、早期工人运动中心城市之一、大革命时期的"赤都"、土地革命战争时期"枪杆子里面出政权"思想的诞生地。2021 年 5 月，文化和旅游部联合中央宣传部、中央党史和文献研究院、国家发展改革委推出"建党百年红色旅游百条精品线路"，武汉革命博物馆下辖的中国共产党纪律建设历史陈列展、中共五大会址纪念馆、毛泽东旧居纪念馆及毛泽东同志主办的中央农民运动讲习所旧址纪念馆入选"红色武汉·英雄城市"精品线路。

（三）旅游服务设施完善

武汉革命博物馆从 2013 年年底开始创建旅游标准化景区，2015 年被纳入武汉市首批旅游标准化示范单位，2024 年被评为湖北省省级文明旅游示范单位，现为国家 AAAA 级旅游景区。

在深入了解观众参观习惯和实际需求以及难点重点工作的基础上，武汉革命博物馆按照公共信息导向系统设置的原则和要求，在景区外围主要路口、内部出入口、交叉路口等位置，均设置了与景观相协调的导览图及指示牌，便于游客选择合适的游览路线，进一步提升了景区的服务设施质量、优化了游览环境。

为提升武汉红色旅游品牌知名度，把红色历史文化基因融入新时代文明实践活动中，把都府堤打造成具有时代特色的红色文化新高地，武汉革命博物馆打造武汉第一家博物馆红色主题书店——红巷书屋，成为武汉首家设立在博物馆的"城市书房"。红巷书屋不仅完善了国家一级博物馆的文创功能，还定期举办各种文化创意活动，如读书分享会、红色音乐会、红色音乐课、文化研学活动等，为公众提供了一个集文创展示、图书阅览、创意活动、旅游咨询等功能于一体的文化共享空间，使广大市民和游客充分感受到武汉文旅融合的繁荣景象。

主题内容

武汉革命博物馆始终坚持政治性、思想性、艺术性相统一的原则，依托独特的红色旧址和丰富的馆藏资源，运用先进的陈列艺术手段，让文物说话，让历史说话，打造10个基本陈列、26处复原陈列，真实呈现历史细节，讲好党的奋斗故事，增强观展的代入感、沉浸感、真实感。

一、毛泽东同志主办的中央农民运动讲习所旧址纪念馆

（一）基本陈列

探索与奠基——武昌中央农民运动讲习所历史陈列

"探索与奠基——武昌中央农民运动讲习所历史陈列"全面展示了武昌中央农民运动讲习所的历史地位和重要作用，重点展示了毛泽东为探索中国革命道路作出的贡献，讴歌了革命先辈披荆斩

"探索与奠基——武昌中央农民运动讲习所历史陈列"序厅

棘、勇往直前的探索精神。展览荣获"第十二届（2014 年度）全国博物馆十大陈列展览精品"优胜奖。

展览定位：拓宽历史的视野

展览把武昌农讲所放在更加恢宏的历史长河中，力戒把武昌农讲所的历史"碎片化"，从对中国革命道路的探索这一理论高度去关注毛泽东在武昌农讲所的这段革命经历和武昌农讲所的历史地位。

第一，展览客观全面地还原第一次国共合作时期，国共两党共同创办武昌农讲所的历史。展览更加重视邓演达等国民党左派的历史功绩，适当地表现国民党左派在筹建农讲所中所起的作用。

第二，展览客观实际地还原毛泽东在筹办和主持武昌农讲所工作期间发挥的主要作用。毛泽东是农讲所的主要创办人和实际工作主持者，负责讲授"农民问题""农村教育"等课程，从学员的课程选择到教学安排，无不倾注了大量心血。在主持武昌中央农民运动讲习所工作期间，他把自己关于农民运动和武装斗争的思想融入农讲所的教学实践等革命探索中，矢志不渝，一以贯之。

第三，展览充分肯定毛泽东在农讲所办学的这段经历为其探索中国革命道路奠定了初始之基。毛泽东筹办和主持农讲所期间，不仅关注农民运动，日益严峻的革命形势还促使其开始逐渐把注意力转移到武装斗争上，如农讲所学员军事训练时间的延长、农民自卫军"上山"思想的提出等，标志着毛泽东开始思索武装斗争的重要性。毛泽东在武昌农讲所办学期间进行的革命实践和理论思考，是他向"农村包围城市，武装夺取政权"的中国革命道路所迈出的第一步，为革命的胜利奠定了初始之基。

展览全景式呈现武昌农讲所师生为开展武装斗争、创建农村革命根据地作出的重要贡献。武昌农讲所师生如陈慕平、张国基、夏光等参加了南昌起义、广州起义、黄麻起义、秋收起义和井冈山革命根据地的创建等革命活动，为中国革命道路的探索和胜利作出了不可磨灭的贡献。

"探索与奠基——武昌中央农民运动讲习所历史陈列"中"黄麻起义"场景复原

展览内容：立场正确　史实准确

展览划分为"农运声威动地惊""江城讲习开新篇""文武兼修育英才""革命火种播神州"4个部分。

第一部分"农运声威动地惊"，重点展示第一次国共合作时期，国共两党在广州创办农民运动讲习所，培养农民运动干部。北伐战争的胜利进军，使农民运动在各地特别是湘鄂赣粤四省得到大规模发展，掀起了一场迅猛异常的革命大风暴。

第二部分"江城讲习开新篇",重点反映主持农讲所工作的主要领导人毛泽东,以其独特的治校方略吸引了一批著名共产党人和国民党左派人士,使得农讲所教员队伍精英荟萃,群贤毕至。

第三部分"文武兼修育英才",重点反映武昌中央农民运动讲习所教学活动实行政治与军事并重,理论与实践相结合,为中国革命培养了一批心诚志坚、能文能武的英才。

第四部分"革命火种播神州",重点反映武昌中央农民运动讲习所虽然只办了一期,却在历史上产生了不可磨灭的影响。他们如革命火种,燃烧在山乡原野,最终与广大农民汇聚成创建农村革命根据地,以农村包围城市、武装夺取政权的燎原之势。

展览形式:亮点突出 形式多样

陈列设计采取差异化手段,通过国画、丙烯画、油画、多媒体、"微型雕塑＋动漫"、圆雕、场景复原等不同艺术形式,共展出董必武支持毛泽东创办武昌中央农民运动讲习所、武昌农讲所开学典礼、毛泽东为武昌农讲所学生讲授《湖南农民运动考察报告》、毛泽东送武昌农讲所学生平叛红枪会、武昌农讲所的一天(含早操、理论学习和军事操练)、武昌农讲所学员陈慕平迎接毛泽东率领的秋收起义部队上井冈山、武昌农讲所学员参与领导黄麻起义7处重点亮点。

展览综合运用声、光、电,充分考虑到展板、文物展品、场景之间的关系,多维地呈现历史片段。在版面设计上运用大小不一、平立交叉、错落有致的处理手法,将场景、艺术品等艺术形式有机结合，使展陈效果随主题内容的发展变化而跌宕起伏，富有艺术美感。展览以精巧的场景重现历史过程，以丰富的文物展品见证历史细节，达到"史料真实，展品真物，感受真切，精神真传"的效果，其中不乏在国内首次展出的珍贵文物以及历史名人遗物。

展览在氛围营造方面，充分利用武昌农讲所这座晚清学宫式建筑的元素，把原墙面与门窗进行元素重构组合，将农讲所的"景"与农讲所的"人"相结合。展览将自然光巧妙地引入休息区，使观众在参观的同时可以俯瞰农讲所大操场与大教室，真正地将农讲所古朴厚重的大环境再现于展厅之中。

"探索与奠基——武昌中央农民运动讲习所历史陈列"复原农讲所建筑元素：美人靠

（二）复原陈列

　　武昌农讲所旧址展出总队部、常委办公室、教务处、事务室、庶务室、医务室、大教室、大操场、学生寝室、膳堂、水井 11 处复原陈列。

常委办公室

教务处

大教室

二、毛泽东旧居纪念馆

（一）基本陈列

1. 毛泽东在武汉

"毛泽东在武汉"展览，以专题的形式全面反映毛泽东在武汉从事革命实践、进行理论探索、深入调查研究、指导经济建设的活动，突出毛泽东在武汉期间对湖北武汉地区和全国的革命斗争与社会主义建设事业的巨大影响。

"毛泽东在武汉"序厅《团聚》雕塑

展览定位：以情为线　突出特色

展览以毛泽东在武汉的重大历史事件为支撑，充分展示一代伟人毛泽东的国之情、民之情、家之情。展览紧扣"毛泽东"和"武汉"这两个关键词，一方面，把毛泽东在武汉的实践活动放到他对中国革命和建设的探索中展现，回答"毛泽东为什么偏爱武汉"。另一方面，展现武汉的文化底蕴和历史地位，还原武汉在中国近代史、革命史、建设史上的作用。

展览内容：主题鲜明　史料丰富

展览划分为"烟雨莽苍苍""极目楚天舒""她在丛中笑"3个部分。

第一部分"烟雨莽苍苍"，主要介绍新民主主义革命时期，尤其是大革命从高潮走向失败，到土地革命战争兴起的历史转折中，毛泽东以非凡的胆略与智慧，成为中国农民运动的主要发动者、坚决支持者和重要领导人，成为中国革命道路的勇敢探索者和开拓者。毛泽东在武汉的革命实践和理论思考，为他进一步探索中国革命的正确道路奠定了重要基础。这一时期，也成为他一生中难以忘怀的一段美好时光。

第二部分"极目楚天舒"，主要介绍新中国成立后毛泽东在武汉的活动，即把毛泽东在武汉的活动和在武汉作出的重大决策，放在毛泽东对中国特色社会主义建设道路的探索和思考中展现。毛泽东在武汉的这些重要活动和作出的重大决策，闪耀着毛泽东建设社会主义的思想光辉，再现了毛泽东心系人民的赤子情怀与独具魅力的伟人风采。

第三部分"她在丛中笑",主要介绍毛泽东在武汉工作生活过的故址遗迹新貌以及毛泽东在武汉留下的诗文墨宝。睹物思人,饮水思源,毛泽东在武汉的历史遗迹,永远是武汉人民最宝贵的红色记忆。

展览形式:形式多样 富有创意

展览通过内容与形式的完美结合,做到了先进展陈艺术和厚重历史氛围的和谐统一,让观众通过展览与伟人共鸣,从中受到感染和鼓舞。

"毛泽东在武汉"展厅

第一,综合运用声、光、电形式,把毛泽东撰写《湖南农民运动考察报告》、创办武昌中央农民运动讲习所、参加八七会议、与人民群众在一起、视察武汉工业建设、畅游长江等7处重点营造成展览亮点。多媒体如毛泽东在武汉游泳的影视资料,作为展厅内容

的延续，帮助观众更直观地了解展览内容。

第二，多维空间与功能需求的协调统一，将户外庭院辟为展览序厅，展标放置在庭院内，正对入口；运用园林造景艺术手法，结合毛泽东一家的主题雕塑营造展览氛围。

第三，利用展墙的立体变化，增加展线。以色调差异区分不同展陈区域，第一部分沉稳，第二部分明快，第三部分温暖。

2. 光辉永存——武昌毛泽东旧居人物展

"光辉永存——武昌毛泽东旧居人物展"，简要展示了1927年在武昌都府堤41号工作和生活过的毛泽东、蔡和森、夏明翰、彭湃等革命先辈的感人事迹和革命精神。

"光辉永存——武昌毛泽东旧居人物展"展厅

展览内容：见人见物见精神

武昌都府堤41号，是毛泽东和杨开慧及3个孩子最后团聚的地方，也见证了风云变幻的1927年，以毛泽东同志为代表的革命先辈为中国革命前途呕心沥血、不畏艰辛、积极探索的艰难情形。

展览通过历史照片与实物，介绍了毛泽东、杨开慧夫妇及儿子毛岸英、毛岸青、毛岸龙，毛泽东大弟毛泽民、二弟毛泽覃夫妇、岳母向振熙和保姆陈玉英等一家人的重要经历，展示了当时在武昌都府堤41号居住过的蔡和森、彭湃夫妇、郭亮夫妇、夏明翰夫妇、罗哲夫妇、方志敏等革命先辈的感人事迹。其中，夏明翰烈士就义诗和彭湃被捕入狱后给党中央的信等内容，展现了革命先辈不怕牺牲的大无畏精神和坚定的革命理想信念。

展览形式：氛围烘托　呈现美感

展览结合旧居实际空间，充分考虑到展板、文物展品和场景之间的关系，在版面设计上运用大小不一、平立交叉、错落有致的处理手法，使展示效果随主题内容的发展变化而跌宕起伏，富有艺术美感。

旧居中厅的雕塑，生动地展现了1927年6月上旬毛泽东、蔡和森以及湖南基层工农群众探索革命去向问题的场景，达到以精巧的场景重现历史过程、以丰富的文物展品见证历史细节的效果。

（二）复原陈列

毛泽东同志旧居展出前厅，毛泽东和杨开慧住过的房间，杨开慧的母亲和保姆住过的房间，蔡和森、郭亮、毛泽民先后住过的房间，彭湃、毛泽覃先后住过的房间，方志敏住过的房间（客房），夏明翰、罗哲先后住过的房间，厨房，水井等9处复原陈列。

前厅

毛泽东和杨开慧住过的
房间

蔡和森、郭亮、毛泽民
先后住过的房间

三、中共五大会址纪念馆暨陈潭秋烈士纪念馆

（一）基本陈列

1. 紧急时期的艰难探索——中国共产党第五次全国代表大会历史陈列

"紧急时期的艰难探索——中国共产党第五次全国代表大会历史陈列"全面反映了中国共产党第五次全国代表大会的历史背景和会议过程，呈现幼年时期的中国共产党在大革命失败的紧要关头对中国革命道路的艰难探索历程。展览入选中宣部和国家文物局联合推介的"庆祝中国共产党成立100周年精品展览"。

展览定位：尊重历史　拓宽思路

展览在深入研究的基础上，还原历史细节并突出时代特点。

第一，展览主题提炼为"紧急时期的艰难探索"，着重凸显在大革命的紧要关头，面对风雨如晦、变幻莫测的革命形势，中国共产党人对中国革命道路的艰难探索。

第二，结合最新学术研究成果，充分挖掘展示中共五大的贡献（对党的思想理论与组织建设的贡献），并客观反映其局限性。

"紧急时期的艰难探索——中国共产党第五次全国代表大会历史陈列"序厅

　　第三，充分运用革命文物和新发掘的文献史料，更加真实全面地反映中共五大的历史背景和会议过程，分析呈现幼年时期的中国共产党在大革命失败的紧要关头对中国革命道路的艰难探索历程。

　　第四，深入解读革命文献和史实背后蕴含的历史规律和革命精神，挖掘文物背后生动感人的故事和鲜为人知的细节。

　　展览内容：聚焦主题　还原细节

　　展览划分为"中共五大的历史背景""中共五大的筹备与召开""中共五大的贡献与局限""中共五大后的探索与奋斗"4个部分。

　　第一部分"中共五大的历史背景"，真实反映中共五大召开前中国革命所处的紧急时期。中共四大以后，国共合作不断深入，大革命掀起高潮。随着北伐胜利进军，工农群众运动蓬勃发展，革命洪流从珠江流域推进到长江流域，武汉成为大革命中心。帝国主义列强对中国加紧武装干涉，极力分化革命阵营。1927 年 4 月 12 日，蒋介石公开叛变革命，大肆屠杀共产党人和革命群众，大革命遭遇失败。

第二部分"中共五大的筹备与召开"，全景展示中国共产党在共产国际指导下，在武汉召开第五次全国代表大会的详细过程。随着中国革命形势的变化，中共五大的召开被中国共产党和共产国际提上议程。共产国际执委会第七次扩大全会后，中共五大筹备工作紧锣密鼓地开展起来。1927 年 4 月 27 日至 5 月 9 日，中共五大在武汉召开。来自全国 11 个省份的代表，代表全党 57967 名党员参加大会。大会及随后召开的中央全会和政治局会议通过了一系列决议，并选举产生了新的中央领导机构。

第三部分"中共五大的贡献与局限"，全面展示中共五大对党的思想理论建设和组织建设作出的贡献，客观呈现中共五大的局限性。

第四部分"中共五大后的探索与奋斗"，重点展示中共五大后中国共产党人积极应变与开辟新路。中共五大闭幕后两个月，汪精卫以"分共"的名义正式同共产党决裂。至此，由国共两党合作发动的大革命全面失败。中国共产党从大革命失败的痛苦中获得极为深刻的经验教训，继续在奋斗中探索，在探索中前进，领导中国革命逐步走上正确的道路。

展览形式：注重历史感与体验感

展陈设计在深入理解展览内容、挖掘历史内涵的基础上，寻找最新展陈理念与红色主题的契合点，采用前沿展陈技术，以现代艺术营造空间氛围，完整、准确、生动地呈现中共五大历史陈列的主题特点、时代特征、展览特色。

展览大量运用新科技、新材料、新工艺。其重点和亮点可分为两大形式：

多层次景箱与全息投影组合艺术展示北伐军攻打武昌城

多点触摸屏技术呈现中共五大代表

一是艺术品。通过浮雕、圆雕、硅胶塑像、立体半景画、油画、造型墙等艺术创作彰显展陈的艺术表现力。如展览序厅采用圆雕与浮雕的组合艺术形式呈现出政治之庄严、历史之厚重及情景之生动。

二是多媒体。充分利用多媒体，结合抽象的艺术造型、艺术场景来表现中共五大会议历史中的细节和亮点，例如全息投影、多层次景箱、多点触摸屏、多媒体艺术空间、多媒体文字沙盘等展示手段，配以背景音效、灯光效果等，将宏大叙事与细节呈现有机结合，让观众"回到"历史现场，提升展览的感染力，增强观众体验感和参与感。

2. 陈潭秋在武汉

"陈潭秋在武汉"展览，全面展示从 1920 年到 1927 年，陈潭秋和董必武等人筚路蓝缕，艰辛开拓，创建发展湖北党组织，带领湖北人民英勇奋斗，在荆楚大地掀起了翻天覆地的革命狂澜，在中国现代革命史上留下了震古烁今的光辉一页。

展览定位：尊重历史　呈现精神

展览坚持辩证唯物主义和历史唯物主义，通过文物、历史图片、文献资料、艺术品和场景复原等多种形式，实事求是地反映陈潭秋接受新思想走上革命道路，创建武汉共产党早期组织和两次在武汉领导发动革命斗争的光辉历程。在 20 多年的革命生涯里，他殚精竭虑，舍生忘死，矢志不渝，百折不挠，为中国人民的解放事业作出了重大贡献，展现了中国共产党人的优秀品格和崇高精神。

"陈潭秋在武汉"展厅

展览内容：史实准确　呈现细节

展览划分为"参与建党""唤起民众""投身大革命"3个部分。

第一部分"参与建党"，重点展示1920年秋，陈潭秋与董必武等发起建立武汉共产党早期组织，成为中国共产党早期党员。1921年7月，陈潭秋出席中国共产党第一次全国代表大会。陈潭秋为中国共产党的创建及早期活动，作出了不可磨灭的贡献，永垂史册。

第二部分"唤起民众"，重点展示中共一大后，在陈潭秋等人领导下，武汉工人运动、青年运动、妇女运动风起云涌，尤以工人运动在全国独立潮头。1923年年初，陈潭秋代表武汉党组织率团前往郑州，参加京汉铁路总工会成立大会，回汉后发动武汉各界民众，全力支援以汉口江岸为中心的京汉铁路工人大罢工，将全国第一次工运高潮推向顶点。

第三部分"投身大革命"，重点展示为配合北伐，陈潭秋在武昌抱冰堂开办秘密的"北伐宣传训练班"。在武昌城被围困的40天里，陈潭秋在城内领导群众开展对敌斗争，为北伐军攻城创造条件。之后他从事党的组织建设和工农运动，并在武汉出席中共五大与共青团四大。

展览形式：形式丰富　亮点突出

展览综合运用声、光、电技术，以及雕塑、场景、微缩模型、电子翻书、油画创作、电子地图、电子触摸屏等形式手段，设计陈潭秋"参与建立武汉共产党的早期组织""参加中共一大""与董必武在上海的第一次见面""参加领导二七大罢工""参加领导北伐战争""参加中共五大"等重点亮点，使观众在展览中感受到氛围的烘托和营造，从而获得沉浸式体验，感悟革命人物所展现的伟大建党精神。

3. 安邦基石——武汉国家安全教育展

"安邦基石——武汉国家安全教育展"以展示总体国家安全观和国家安全法律制度体系为主线，对涉及国家安全的法律知识进行宣传普及，重点反映了国家安全机关的职能和职权，是全国首个以总体国家安全观为主题的展览。

"安邦基石——武汉国家安全教育展"展厅

展览定位：以法为线　以情为引

展览通过对《中华人民共和国国家安全法》以及部分国家安全重点领域法律、知识的介绍，多维度地诠释了总体国家安全观这种大安全时代的国家安全大思路，揭示了在当前日益复杂的国际国内安全形势下，必须以总体国家安全观为指导，坚定地维护并拓展国家安全利益。

作为中国共产党第一个情报保卫机构诞生地，武汉在隐蔽战线历史上发挥着重要作用，许多隐蔽战线的英雄事迹感人至深。展览既反映现实面临的国家安全威胁，又追溯隐蔽战线无名英雄的丰功伟绩，实现了现实和历史的融合。

展览内容：聚焦主题 追溯历史

展览划分为"序厅""安国重典""较量无声""无名丰碑""尾厅"5个部分。

第一部分"序厅"，由多个国家安全重点领域的元素组合而成，表明当前我国国家安全内涵和外延比历史上任何时候都要丰富，时空领域比历史上任何时候都要宽广，内外因素比历史上任何时候都要复杂，必须坚持总体国家安全观。

第二部分"安国重典"，主要展示了《中华人民共和国国家安全法》以法律的形式确立了总体国家安全观的指导地位和国家安全领导体制，规定了维护国家安全的各项任务，建立了维护国家安全的各项制度，为构建国家安全体系，走出一条中国特色国家安全道路奠定了坚实的法律基础。

第三部分"较量无声"，主要反映国家安全关乎国家核心利益，维护国家重点领域安全，法律无情，较量无声。坚持专门工作与群众路线相结合，是有效开展国家安全工作的重要法宝。教育引导观众，国家安全，人人有责。

第四部分"无名丰碑"，主要展示了中国共产党隐蔽战线上的无名英雄们为取得中国革命、建设、改革的伟大胜利建立的不朽功勋。武汉作为中国共产党专业情报保卫机构的发源地，在隐蔽战线上留下了光辉的一页。为追溯历史，本部分放置较多展品，如党的

第一部无线电收发报机（仿制品）；"为世界反法西斯战争作出重大贡献"的阎宝航准确获取德军进攻苏联的日期情报、苏联专门致电感谢的记录；"按住蒋介石的脉搏"的沈安娜获取的情报和她使用的中文速记符号等，都具有较高的历史价值。

第五部分"尾厅"，主要以电子留言簿的形式展示，观众的留言和签名会化作长城上的一块砖，体现人民万众一心，共同构筑起维护国家安全的钢铁长城。

展览形式：重点突出　形式多样

展览充分融合建筑特色，设计大胆创新，运用历史图片、实物、模型、声像等展陈手段，结合了大量典型案例，并在展厅不同区域设置多处视频，意在引起观众对国家安全的重视。在视频的引导下，观众能迅速进入展览主题。

展览在"无名丰碑"部分增加《中华人民共和国反间谍法》等内容。为吸引观众，设计团队在此设计了一组极具吸引力的解密档案视频。观众可使用耳机在此观看100多部隐蔽战线题材优秀影视作品。

为向观众形象展示当时秘密电台的分布情况，展览设置中共中央转战陕北时期中国共产党部分秘密电台分布简图，地图中设计的陕北中央前委电台和山西临县中央社会部情报部电台令人印象深刻。

4. 湖北有个黄负生

"湖北有个黄负生"展览简要展示了建党前全国最早的58名党

"湖北有个黄负生"展厅

员之一、湖北共产主义运动的先驱黄负生在武汉期间的革命事迹及其坚定的革命理想信念。

展览内容：尊重历史　实事求是

展览坚持辩证唯物主义和历史唯物主义，通过文物、历史图片和资料实事求是地展示黄负生接受新思想走上革命道路、参与武汉的共产党早期组织建设和在文化战线上的杰出贡献。展览划分为"新文化运动的健将""中共武汉地委第一任宣传委员""宣传战线的卓越战士""让我的孩子走我的路"4个部分。

展览形式：突出主题

展览在有限的空间内，综合运用图版、浅浮雕、创作画、触摸屏、文物等形式，突出"湖北有个黄负生"的主题。

（二）复原陈列

中共五大会址展出中共五大开幕式会场，陈潭秋、徐全直夫妇卧室，武昌高师附小教室，传达室，水井5处复原陈列。

武昌高师附小教室

陈潭秋、徐全直夫妇卧室

中共五大开幕式会场

四、中国共产党纪律建设历史陈列展

基本陈列

1. 纪律建设永远在路上——中国共产党纪律建设历史陈列

"纪律建设永远在路上——中国共产党纪律建设历史陈列"，系统梳理了中国共产党纪律建设的历程，全面、客观、真实地反映中国共产党在不同历史时期的纪律建设理念、战略方针及主要成果，体现了党始终坚持把纪律建设作为加强自身建设伟大工程的重要组成部分，填补了国内党的纪律建设展览空白。展览荣获第十七届（2019年度）全国博物馆十大陈列展览精品特别奖。

展览定位：用历史观照现实

1927年4月27日至5月9日，在武汉召开的中国共产党第五次全国代表大会，选举产生了党的历史上第一个中央纪律检查监督机构——中央监察委员会（即中央纪委的前身），开启了党内监督制度创新和纪律建设的新纪元。100多年来，党的纪律建设不断深化发展，有力维护了党的纯洁和团结统一。进入新时代，以习近平同志为核心的党中央，坚守初心使命，把加强纪律建设摆在更加突出的位置，坚定不移把全面从严治党向纵深推进。展览依托旧址资

"纪律建设永远在路上——中国共产党纪律建设历史陈列"序厅

源，围绕"一个红色政党从风雨如晦的历史深处走来，何以由小变大、由弱变强，何以承担使命、汇聚民心"这一命题，进行深入思考研究，反复斟酌修改，最终确定了纪律建设主题。

展览内容：兼具理论深度与实践温度

展览划分为"创立与探索""推进与曲折""恢复与发展""新时代　新征程"4个部分。

第一部分"创立与探索"，重点反映新民主主义革命时期，中国共产党从诞生之日起就始终坚持共产主义理想信念，把严明纪律写在自己的旗帜上，通过制定、丰富、完善党的纪律，建立党的纪律检查监督机构，加强监督执纪，在党的纪律建设方面进行了最初的探索与实践，为中国革命胜利提供了坚强有力的保障。

第二部分"推进与曲折"，重点反映中华人民共和国成立后，以毛泽东同志为主要代表的中国共产党人，在全面执政的历史条件下，从思想和制度上加强党的建设，建立健全党的纪律检查机构，增强党的团结统一，开展防治官僚主义和腐败现象的斗争，形成良好的党风与社会风气，促进了社会主义建设事业的发展。

第三部分"恢复与发展"，重点反映党的十一届三中全会后，中国进入改革开放和社会主义现代化建设新时期，中国共产党恢复重建中央和地方纪律检查机构，清醒地认识到"执政党的党风问题是有关党的生死存亡的问题"，大力加强纪律建设，深入开展党风廉政建设和反腐败斗争，增强拒腐防变和抵御风险的能力，努力探索出一条在改革开放和社会主义市场经济条件下监督执纪的新路。

第四部分"新时代　新征程"，重点反映党的十八大开启中国特色社会主义新时代，砥砺奋进的中国共产党高举伟大旗帜，重整行装再出发，迈上全面从严治党新征程，出台中央八项规定，把纪律挺在前面，思想建党、纪律强党、制度治党同向发力，严肃党内政治生活、强化党内监督、净化党内政治生态一体推进，"打虎""拍蝇""猎狐"全面出击，坚定不移把全面从严治党向纵深推进。党时刻保持解决大党独有难题的清醒和坚定，以彻底的自我革命精神永远吹冲锋号，把严的基调、严的措施、严的氛围长期坚持下去，一刻不停推进全面从严治党，以党的自我革命引领社会革命，用新的伟大奋斗创造新的伟业。

展览形式：思想与艺术和谐统一

展览充分解析建筑空间特征，设计大胆创新，适度运用场景、多媒体、艺术品、数字互动和高科技相结合的展陈手段，使展览生动活泼、喜闻乐见。

紧扣主题，提炼设计元素讲述纪律建设的历程。从序厅大型雕塑所体现的蜿蜒曲折的"发展之路"，到展览中间通往大型场景"开国盛典"的红色"胜利之路"，再到邓小平雕像脚下的"改革之路"，最后展览尾厅代表着"建设之路无止境"的多媒体艺术展项，采取多种展示手段和艺术表现形式将展览主题贯穿其中，突出展览的政治性和时代特征。

建筑空间与陈列手段的有效结合。通过对

"纪律建设永远在路上——中国共产党纪律建设历史陈列"展厅

建筑整体布局进行规划，将展示内容合理分布，同时考虑了建筑外观、庭院、露台、廊道及周边环境的相互呼应，让空间整体上更为协调，并利用序厅、走廊、转角、大场景打造，对展厅空间进行了合理分割和气氛营造，使得建筑外部空间与内部展览和谐统一。

设计风格遵循红色题材的特殊性并赋予新意。设计风格整体以沉稳向上的色彩为基调，利用抽象的几何形象符号对展览内容进行有序分割与整合，充分运用重点亮点在整个展览中的点睛作用，做到整体而不单一、有序而不枯燥，整体风格庄重大方、严肃而不呆板，既体现了与思想内容的完美和谐，又通过设计解决参观中造型与结构问题，做到科学合理，满足陈列物质功能需求。

2. 信仰铸忠魂——中国共产党首届中央监察委员会成员专题展

"信仰铸忠魂——中国共产党首届中央监察委员会成员专题展"呈现了首届中央监察委员会成员的革命足迹，展示他们在党的历史

"信仰铸忠魂——中国共产党首届中央监察委员会成员专题展"序厅

上的重要贡献，彰显其崇高的革命理想和对党的事业无限忠诚的高尚品格。展览入选 2023 年度"弘扬中华优秀传统文化、培育社会主义核心价值观"主题展览推介项目；荣获"第八届（2023 年度）湖北省博物馆、纪念馆六大陈列展览精品推介活动"精品奖。

展览定位：缅怀英雄事迹　弘扬英雄精神

在一个民族的精神谱系中，英雄是最醒目的标识。"崇尚英雄、学习英雄、捍卫英雄、关爱英雄"日益成为社会风尚，为实现中华民族伟大复兴的中国梦注入强大精神力量。

1927 年 4 月 27 日至 5 月 9 日，中国共产党第五次全国代表大会在武汉举行。大会选举产生了党的历史上第一个中央纪律检查监督机构——中央监察委员会（中央纪委前身）。在艰苦卓绝的革命斗争中，首届中央监委 10 名成员中有 8 人先后英勇牺牲，无一人背叛革命，用信仰与忠诚诠释了中国共产党人的精神谱系。他们非凡壮丽的革命生涯，是一代代共产党人为理想信念矢志奋斗的光辉缩影，他们用生命谱写了一部永不褪色的英雄史诗。

习近平总书记指出，"英雄是民族最闪亮的坐标"。牺牲的首届中央监察委员会成员是无数为争取民族独立、人民解放而牺牲的革命先烈中的一部分，党和人民不会忘记他们。"信仰铸忠魂——中国共产党首届中央监察委员会成员专题展"以首届中央监委成立的历史背景、10 位监委成员的革命经历以及后世对他们的纪念为宏观叙事框架，以时间线为主轴，以全新的视角再现首届中央监委成员的革命足迹和历史贡献。展览旨在进一步激励我们传承红色基因，赓续红色血脉，不忘初心，踔厉奋发，勇毅前行。

展览内容：挖掘珍贵史料　还原历史细节

展览划分为"监督执纪里程碑""用生命诠释忠诚""高山仰止丰碑永存"3个部分。

第一部分"监督执纪里程碑"，主要展示中国共产党首届中央监察委员会，是党在革命斗争形势严峻复杂的历史背景下，"为巩固党的一致及权威"、加强组织建设作出的重要探索，是严明政治纪律、强化党内监督的组织和制度保障。

第二部分"用生命诠释忠诚"，主要展示首届中央监委10位成员的革命经历。1927年，中国革命形势急剧变化，蒋介石、汪精卫先后叛变革命，白色恐怖阴云密布。信仰坚定、对党忠诚的首届中央监察委员会成员在血雨腥风中坚持斗争，在敌人的屠刀下威武不屈，有8人先后壮烈牺牲，无一人背叛革命。

第三部分"高山仰止　丰碑永存"，主要展示后世对首届中央监委成员的各种纪念。首届中央监察委员会成员的英雄事迹感人至深、可歌可泣，他们为中国革命和民族复兴的伟大事业而献身，人们永远缅怀他们，历史不会忘记他们。中华人民共和国成立后，8位牺牲的中央监委成员先后被追认为革命烈士。他们的革命精神跨越时空，历久弥新，成为中国共产党人的宝贵精神财富。高山仰止，丰碑永存，英雄不朽！

展览形式：形式丰富多样　满足观感需求

展览围绕主题大纲，遵循博物馆展陈规律，营造展览亮点，突

"信仰铸忠魂——中国共产党首届中央监察委员会成员专题展"展厅

出展览形式。立足"以人为本"的策展理念，用展陈设计语言升华内容表达，以展品和历史图片为主，数字互动、场景复原等辅助展项让展览形式丰富，满足观众多元化参观需求。将展览形式与内容有效结合，以"形式升华内容，形式突出内容"和"与观众同频共振，帮助观众能看懂、能想象、能回味"的办展理念，突出该馆特色；展览风格鲜明，色彩淡雅明亮，贴合主题，运用现代化的技术手段，打造出现代又不失浓重、极具历史韵味的展示风格。同时，运用国际环保材料，打造绿色展厅，使用科学环保照明灯光，既满足文物保护要求，又达到陈列展示的艺术效果。

第一，创作全身铅笔画。设计团队根据首届中央监委成员的出身和革命经历，设计10幅极具代入感的全身铅笔画，引导观众走进首届监委成员的革命人生，感受他们为信仰抛头颅洒热血的革命精神。简洁的人物线条与展厅中的红色展板形成强烈视觉冲击，使首届监委成员形象更为立体、饱满。

第二，放置就义雕塑。为了展现首届中央监委主席王荷波被捕后，受尽严刑拷打仍坚贞不屈的革命形象，设计团队在王荷波牺牲处放置就义雕塑。雕塑中的王荷波虽然身上缠满铁链，但目光坚定、身姿挺拔，坚信革命一定会成功。此处易于调动观众情感。

第三，设置艺术装置。为进一步升华展览，设计团队在尾厅特别打造一处艺术装置，使其成为既有颜值又有价值的闪光"打卡点"。该装置是一面书写着"英雄是民族最闪亮的坐标"的红墙。观众参观完展览，可以在此"打卡"拍照。此外，展览在结尾处还设置网上祭扫展项，让观众在参观中缅怀革命英烈，重温党的光辉历程，从而更加珍惜今天的幸福生活。

五、武昌起义门

基本陈列

武昌起义门陈列

武昌起义门陈列，主要展示武昌古城十大城门中唯一保存至今的城门——起义门的百年沧桑变化。

展览以历史图片为主，主要分为"武昌古城""武昌城门""起

"武昌起义门陈列"展厅

义门变迁"3部分内容。

"武昌古城"部分主要展示了1371年、1733年、1854年及1909年的武昌古城图。武昌筑城开始于三国吴黄武二年（223年）。唐敬宗宝历年间（825—827年）开始拓展扩建，明代洪武四年（1371年）江夏侯周德兴在此城基础上扩建、重修武昌城，城周16.32华里。

"武昌城门"部分主要展示了武昌的十大城门照片。武汉历史上有中和门、保安门、望山门、文昌门、平湖门、汉阳门、武胜门、忠孝门、宾阳门共九大城门。清朝末年，张之洞督鄂时增设通湘门。

"起义门变迁"部分主要展示了明清时期的中和门和1912年、

武昌起义门城楼

1981 年、2001 年的起义门照片。1911 年 10 月 10 日武昌起义胜利后，中和门因在起义中的重要作用，被誉为"首义胜利的开端"。1912 年，改名为起义门。1913 年，恢复中和门原名。1926 年 10 月 10 日，北伐军攻克武昌。1926 年年底，国民政府迁都武汉，为拓展市区，决定拆除武昌城墙和城门，中和门因在辛亥首义中的重要作用而得以保留。1981 年，为纪念辛亥革命武昌起义 70 周年，武汉市修复了城门城楼。

辰陈故事

武汉革命博物馆馆藏文物众多、种类齐全，形成了革命历史见证与城市发展见证两大较为完整的藏品体系，现有藏品 2.8 万件（套），其中珍贵文物 1006 件（套），一般文物 300 余件（套），涵盖文稿书信、书籍报刊、宣传品、证章、票据、艺术品、生产生活用品、武器装备等多个品类。

一、《中央农民运动讲习所规约》

《中央农民运动讲习所规约》（以下简称《规约》），纸质文本，长方形，纵 19 厘米、横 13.5 厘米、厚 0.1 厘米，32 开本，共 8 页。书籍的封面右上侧及正中印有"中国国民党""中央农民运动讲习所规约"字样；左下侧印有"打倒封建思想""绝对服从纪律"字样，所印文字均为竖排印刷体。现为馆藏一级文物。

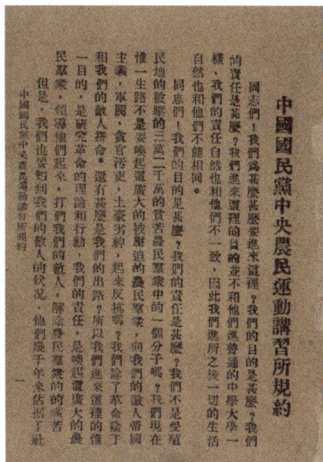

《中央农民运动讲习所规约》

1926 年 11 月，毛泽东结束第六届广州农讲所的工作后，到上海就任中共中央农民运动委员会书记，他主持中央农委拟订的《目前农运计划》，提出"在武昌开办农民运动讲习所"的计划。1926 年 11 月 15 日，该计划获中共中央批准。1927 年 1 月，在国民党湖北省党部的支持下，在武昌成立农讲所筹备处，并很快选定校址，确定开学日期和教授科目，同时确定了农讲所的章程。

1927 年 3 月 7 日，武昌农讲所正式开始上课。毛泽东主办的武昌中央农民运动讲习所是一所培养农民运动干部的学校，学员绝大多数来自农民和知识青年。毛泽东十分重视对学员世界观的改造，为此，开学第一课就组织学生讨论"怎样做一个农讲所的学生""怎样才能清除从旧社会带来的各种毛病，改造成为一个有效率的革命工具"，让学生自己找出存在的思想问题和根源。经过全校师生的认真讨论，制定了《规约》。

《规约》共 12 条，开头就提出："我们为什么要进来这里？我们的目的是什么？"接着肯定地回答："我们进来这里的唯一目的，是研究革命的理论和行动，我们的责任，是唤起这广大的农民群众，领导他们起来，打倒我们的敌人，解除农民群众的痛苦。"提出"我们现在决心要做一个农民阶级的革命先锋，要为农民的利益牺牲一切，就要清除在我们身上从旧社会带来的不少毒菌，这些毒菌主要表现为个人主义、封建意识、自私自利、唯心主义等"。为了清除这些旧思想，《规约》规定"要学习革命的理论和实际，把旧社会带来的毛病痛切的扫除，改造成为有效的革命工具"，要求学生必须"革命观点确定，入所后服从本所纪律，接受严格训练"。可见，武昌中央农民运动讲习所十分重视对学生政治素质的培养，正是因为高度重视和严格要求，才使得武昌农讲所培养的学员具有较高的政治素质和勇于牺牲的革命精神。毕业后，一大批学员继续遵循学校教导，坚持武装斗争，为中国革命作出贡献。

1963 年，《中央农民运动讲习所规约》由中国科学院武汉分院哲学社会科学研究所捐赠给毛泽东同志主办的中央农民运动讲习所旧址纪念馆。

二、《中国佃农生活举例》

《中国佃农生活举例》（以下简称《举例》），是现在保存下来的毛泽东最早的一篇农村调查材料，也是农讲所学习丛书之一。

《举例》纵 19 厘米、横 13 厘米、厚 0.2 厘米，32 开铅印本，竖排印刷，共 12 页。封面上端从右至左印有"中国佃农生活举例"红色书名，其下依次印有"毛泽东著""中国国

《中国佃农生活举例》

民党中央农民运动讲习所丛书""1927 年三月"3 排蓝色字样。现为馆藏一级文物。

1926 年 12 月，毛泽东从武汉到长沙出席湖南省第一次农民代表大会，随即在湖南考察农民运动。1927 年 1 月 4 日至 2 月 5 日，33 天时间里，他在湘潭做了大量实地考察，并在湘潭西乡与佃农张连初进行了详细会谈。在湖南湘潭调查后，毛泽东回到武汉并在武昌都府堤 41 号根据会谈结果写成了一篇别具风格的调查材料——《中国佃农生活举例》。

为了方便讨论问题，毛泽东与佃农张连初共同勾画出一个典型的中国佃农的生活情境，全文分为支出、收入和结论三个部分。通过确凿的数据，最终得出这样的结论："穷苦佃农总是老实者多精明者少，在生存竞争十分剧烈之今日农村，此点关系荣枯极大""中国之佃农比牛还苦，因牛每年尚有休息，人则全无""事实上佃农不能个个这样终年无一天休息地做苦工，稍一躲懒，亏折跟来了"。毛泽东认为："这就是中国佃农比世界上无论何国之佃农为苦，而许多佃农被挤离开土地变为兵匪游民之真正原因。"这份调查材料揭露了农村重租制度的罪恶。

在《举例》一文中，毛泽东通过以严谨数据统计为基础的经济关系和状况考察，揭露出中国封建社会制度的罪恶。该文是调查研究和实事求是的典范。毛泽东也将这种以数据统计为基础的科学考察，用于解决中国土地问题、中国革命的实际，正如毛泽东所说的："社会经济调查，是为了得到正确的阶级估量，接着定出正确的斗争策略。"这份调查报告不仅是毛泽东早期著作，还是当年武昌中央农民运动讲习所的教材。

1968 年，《中国佃农生活举例》由游重九捐赠，对研究大革命时期农民生活具有重要的现实意义。

三、武昌中央农民运动讲习所学员 毕业纪念证章

武昌中央农民运动讲习所学员毕业纪念证章，红铜材质，五角星形，通长 7.5 厘米、通宽 4.4 厘米，正面中间绘有圆形蓝地白色的国民党党徽，党徽中心绘有木犁图案，"中央农民运动讲习所"字样环绕在党徽上方，党徽下方有"中国国民党"字样。证章背面镌有竖排阳刻"农村革命"及横排阴刻"928"证章编号。现为馆藏一级文物。

武昌农讲所学员毕业纪念证章正面

1927 年 6 月 19 日，武昌中央农民运动讲习所举行了毕业典礼，向学员颁发了毕业纪念证章。这枚证章为武昌中央农民运动讲习所学生贺叔阶的遗物。

贺叔阶（1902—1928 年），又名长有，湖北荆门人。1924 年在其弟贺鼎允的影响下参加革命。1925 年经贺鼎允介绍加入中国

共产党。1927 年 3 月到武昌中央农民运动讲习所学习，同年 6 月毕业回到家乡，将该枚证章交由妻子周家秀保管，并嘱咐其一定要保存好。

贺叔阶回到家乡不久，出任中共荆门烟墩区委书记，领导农民进行革命斗争，带领农协会员攻打黄集地主武装，就地枪决大劣绅高树声，缴获枪支 10 余支。之后率领队伍挥师南下，攻打凉水井民团，枪决了反动保长傅炳南。为了支持当阳县徐家庙农民协会的工作，贺叔阶率领队伍西进，逮捕了地主武装的教官孙豹，缴获手枪 2 支。1928 年 3 月，贺叔阶参与领导了有 1000 多人参加的高家畈农民起义，把烟墩区地主武装民团打得大败，处死了大恶霸地主高其祥父子及孙春阶等 7 人，起义范围波及 50 余里，给反动势力以沉重打击。同年 8 月的一天晚上，当他指导完工作回到家里时，被敌人发现，不幸被捕。1928 年 9 月 16 日，贺叔阶在荆门县城关南门桥头英勇就义。

贺叔阶牺牲后，周家秀一直悉心保存这枚毕业证章。为了躲避敌人的搜查，她东躲西藏，始终把证章带在身边。1958 年，周家秀将这枚证章捐献给荆门县政府。1974 年 7 月，证章被武汉革命博物馆征集并收藏。

四、陈潭秋烈士夫妇用过的藤篓

陈潭秋烈士夫妇用过的藤篓，由藤条编制而成，通长 62 厘米、通宽 32 厘米、通高 38 厘米，外形似蚌壳形，底部为长方形，上部开一长口，类似提篮。看上去简朴不起眼的藤篓，是

陈潭秋烈士夫妇用过的藤篓

中国共产党的先驱、中共一大代表陈潭秋烈士与其夫人徐全直在 1925 年春结婚后，在武昌高师附小以教书做掩护继续从事地下革命工作时，共同存放文书及衣服所用。现为馆藏三级文物。

陈潭秋（1896—1943 年），湖北黄冈陈策楼人。1920 年和董必武、刘伯垂等创建武汉共产主义小组。1921 年 7 月作为湖北代表参加了中国共产党第一次全国代表大会。历任中共第五、第六届候补中央委员，中共六届五中全会审查委员。在中共七大上，由于中央不知他已牺牲，仍当选为中共第七届中央委员。周恩来曾评价，陈潭秋同志是真正的布尔什维克，他一生的革命经历有一个很大的特点，就是经常受命于危难之时。他顾大局，不计较个人恩怨、得失，每次都能够在形势非常不利的情况下正确应对，挽救危

局，避免和减少了党的损失。

陈潭秋烈士一生革命足迹遍及祖国大江南北。湖北是陈潭秋的故乡，武汉是陈潭秋走上革命道路的起点，也是他早期从事革命斗争的舞台。1919 年，他毕业于武昌高师英语部，即现在武汉大学外语学院的前身。作为武昌高师学生代表的陈潭秋，参加了武汉地区的五四运动，是武汉地区学生爱国运动的先驱。武昌都府堤 20 号原武昌高师附小是陈潭秋早期革命活动旧址。1922 年春，陈潭秋担任武昌高师附小五年级老师，教授国文和历史。1922 年春至 1923 年 5 月、1924 年夏至 1927 年大革命失败，陈潭秋偕夫人徐全直就住在这里，以教书为掩护、以学校为据点开展革命活动。正如董必武在 1938 年撰文中所称："武昌高师附小一度成为湖北革命运动的指挥机关。"

1978 年，该藤篓由徐全直的弟弟徐全俭捐赠给武汉革命博物馆。

五、1927 年夏明翰在武昌用过的蚊帐

夏明翰在武昌用过的蚊帐，通长 2 米、通宽 1.3 米、通高 1.78 米。蚊帐前面二片重叠，对开门，四周为隐条夏布，帐顶和帐筒由白棉布缝制。

这床夏布蚊帐是 1925 年夏明翰与夫人郑益健（郑家钧）结婚

时，郑益健的母亲用麻线一根一根织成后送给他们的结婚礼物。1927 年夏明翰与郑益健在武昌都府堤居住时曾用过。1928 年夏明翰牺牲后，郑益健将此作为纪念品一直保留在身边。现为馆藏二级文物。

1927 年夏明翰烈士用过的蚊帐

夏明翰（1900—1928 年），祖籍湖南衡阳，出生于湖北秭归。1917 年春，考入湖南省立第三甲种工业学校。在校期间，他便联络省立第三师范学校学生蒋先云等秘密组织的革命团体"沙子会"，开展反对北洋军阀的斗争。1919 年，他又和同学一起站在前列声援北京的五四运动。1921 年，中国共产党成立后，夏明翰成为湖南自修大学的第一批学员。不久，经毛泽东、何叔衡介绍，夏明翰加入中国共产党。1924 年，他担任了中共湖南省委委员，并负责农委工作，湖南成为当时农民运动开展得最好的省份之一。

1927 年春，夏明翰接到毛泽东的邀请，到全国农协工作，兼任武昌中央农民运动讲习所秘书和教员。农讲所学生毕业后，他返回湖南，任省委委员兼组织部部长。八七会议后，他根据计划，向各级党组织宣传和组织秋收起义。1928 年 3 月 18 日，夏明翰在汉口被捕，3 月 20 日在汉口余记里刑场被杀害，时年 28 岁。"砍头不要紧，只要主义真。杀了夏明翰，还有后来人。"这首气壮山河、耳熟能详的就义诗就是夏明翰烈士临刑前写下的。

1927 年 2 月至 5 月，夏明翰和妻子住在当时中央农委办公地——武昌都府堤 41 号，当时毛泽东和杨开慧一家也住在这里。1967 年，武汉市委、市政府按原貌修复武昌毛泽东旧居时，武汉革命博物馆工作人员联系到夏明翰的妻子郑益健回忆当时的旧居结构和房间布置。1967 年，郑益健将保存了半个多世纪的蚊帐捐献给武汉革命博物馆。

六、武昌农讲所学员陈慕平用过的木箱

陈慕平用过的木箱

陈慕平使用过的木箱，长方形，通长 58 厘米、通宽 38 厘米、通高 19 厘米。皮面木胎，内衬为硬壳纸。箱盖用皮包角。木箱是陈慕平 1927 年在武昌中央农民运动讲习所学习时所用，后来由其妹妹陈云妆保存，1974 年捐给武汉革命博物馆。现为馆藏二级文物。

陈慕平（1902—1930年），江西宁冈人，1925年加入中国共产党。1927年春受中共宁冈县委委派到武昌中央农民运动讲习所学习。1927年5月，因宁冈农民斗争的需要，陈慕平提前离开农讲所。回到家乡后，他在新城龙市开办了两期农民运动训练班，运用在农讲所学到的知识，采取每天进行"三操两讲"的方式，在班上讲授毛泽东的《中国社会各阶级的分析》和如何开展农民运动等课程。

为了加强革命武装，中共宁冈县委决定派陈慕平到袁文才的农民自卫军任军事教官，加强党对这支农民武装的领导。1927年9月，毛泽东在湘赣边界发动秋收起义，后率部向井冈山进军，9月29日率部队到达永新三湾。毛泽东在1927年9月初召开安源军事会议时，了解到袁文才、王佐这两支农民自卫军在大革命失败后继续坚持武装斗争。到达三湾后，陈慕平主动联络毛泽东，并向其汇报了宁冈县党组织和袁文才农民自卫军的情况。毛泽东给他分析了当时的形势，提出要团结袁文才，争取地方武装共同对敌，建立井冈山革命根据地。根据毛泽东的指示，陈慕平回到袁文才农民自卫军后，积极做袁文才的思想工作。1928年2月，这支农民自卫军改编为工农革命军第一军第一师第二团，后又改编为红四军第三十二团。陈慕平在迎接毛泽东领导的秋收起义部队上井冈山的过程中发挥了重要作用。在井冈山斗争中，陈慕平英勇善战、足智多谋，参加了龙源口战斗，并南下湘南作战，还参加了宁冈砻市召开的朱毛红军会师大会。1928年年底到1929年，陈慕平调任宁冈县赤卫队副大队长，指挥地方武装，配合工农革命军狠狠打击了敌人。

1930 年，陈慕平在永新县牺牲。陈慕平以实际行动践行了
"到农村去，实行农村革命"的战斗誓言。

七、周恩来为武昌中央农民运动讲习所
旧址的题字

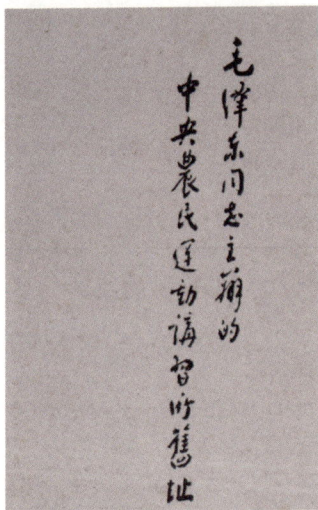

1958 年周恩来为武昌中央农民
运动讲习所旧址的题字

周恩来为武昌中央农民运动讲习
所旧址的题字，纵 27.3 厘米、横 18.1
厘米，竖排两行为毛笔书"毛泽东同
志主办的中央农民运动讲习所旧址"。
现为馆藏一级文物。

武昌农讲所旧址纪念馆于 1958 年
2 月开始筹建，当时中国人民对外文
化协会（以下简称"对外文协"）与
苏联合拍的影片《伏尔加·长江》正
在武汉拍摄。对外文协武汉分会通
知武昌农讲所纪念馆筹备处，这部影片的摄制计划中，有武昌农
讲所旧址的几个镜头，要求在农讲所旧址挂一块正式的永久性的牌
子。据此，武昌农讲所纪念馆筹备处于 1958 年 11 月 28 日向武汉市
委宣传部提交了为农民运动讲习所旧址命名的报告，建议其全称为

"毛泽东同志主办的中央农民运动讲习所旧址"。这样命名的根据有三：一是此旧址原来全称是"中国国民党中央农民运动讲习所"，简称"农民运动讲习所"。二是前面加"毛泽东同志主办的"几字，是因为该所是毛泽东倡议创办的，且毛泽东为农讲所的常委之一。可以说，毛泽东是农讲所的主要创办人和实际工作主持者。三是参照广州农讲所纪念馆的命名，广州农讲所纪念馆也是周恩来同志题的字，命名是中央确定的，其全称是"毛泽东同志主办的农民运动讲习所旧址"。

当时恰逢中共八届六中全会在武昌召开，1958 年 12 月 1 日，时任中共湖北省委书记的王任重给周恩来同志的信中写道："武汉市第二十二中学系农民运动讲习所原址，最近要摄入影片，请总理题几个字，'毛泽东同志主办的中央农民运动讲习所旧址'。"周恩来同志接信后欣然应允，写下了两张"毛泽东同志主办的中央农民运动讲习所旧址"题字。该题字后经工作人员转交给了武昌农讲所旧址纪念馆。

1963 年 4 月 4 日，在武昌中央农民运动讲习所创办 36 周年之际，武昌农讲所旧址纪念馆在第二栋大教室里举行了正式对外开放仪式。农讲所旧址大门前嵌着的按照周恩来同志亲笔题字做成的"毛泽东同志主办的中央农民运动讲习所旧址"汉白玉石屏，成为武昌农讲所旧址纪念馆永久性的馆标。

八、中共五大代表蔡以忱用过的木箱

中共五大代表蔡以忱用过的木箱

　　中共五大代表蔡以忱用过的木箱，箱体为木、金属复合质地，长方体，通长 71 厘米、通宽 43 厘米、通高 27.5 厘米。木胎表面贴的黑色木皮已经部分脱落和破损。箱子的正面有金属锁扣，左右两侧有金属拉环，内衬为白地红褐色圆圈花纹布。现为馆藏一级文物。

　　蔡以忱（1896—1928 年），湖北黄陂人。他幼年在望鲁学堂与道明小学读书，1915 年考入湖北省立第一师范学校。学生时代追求进步，毕业后，相继在一师附小与中华大学任教，随后走上革命道路。他通过《武汉星期评论》结识了董必武、陈潭秋，后经董必武介绍加入中国共产党。1927 年 3 月出席了湖北省农民协会第一次全省代表大会，被选为组织部部长。1927 年 4 月下旬，出席中国共产党第五次全国代表大会并被选为中央监察委员。

1927年5月21日，长沙发生马日事变，局势陡然严峻。1927年6月24日，正在湖北武昌的中共中央临时政治局候补委员毛泽东，被任命为中共湖南省委书记，前往湖南应对时局变化。行前，他拜托汉口市委书记罗章龙物色一位懂军事的同志一道去长沙筹备武装起义。罗章龙选择了中央监察委员、中共中央农民运动委员会委员、中共湖北省委常委兼农民部部长蔡以忱。秋收起义失败后，他被任命为中共湖南省委秘书长。

1928年10月25日，蔡以忱在湖南澧县组织武装暴动时，因叛徒出卖被逮捕，于澧县县城小南门壮烈牺牲。就义前，他赋绝笔诗一首："申鸣大义臣，仗剑扫烟尘；横刀眉梢笑，忠贞掩昆仑。"

这个木箱是蔡以忱的儿子蔡惠安于1977年捐赠给武汉革命博物馆的。据他回忆："这个箱子是我父亲装文件和衣服用的，我们家住在武昌亲合里，我母亲在一纱做工，我父亲他们经常在家里开会，我母亲打掩护。1926年父亲参加完国民党二大后回乡过春节，这个箱子也被带回了在黄陂的家，后来我父亲又走了，这口箱子他没带走，我母亲就一直把它保留在身边。"1970年，蔡以忱的遗孀吴金梅在弥留之际，将木箱交给长子蔡惠安，希望他当作"传家宝"世代相传。后因有关部门征集烈士遗物，为了让更多的人了解先辈的事迹，他就把这件"传家宝"无偿捐出。这个木箱是蔡以忱烈士革命生涯的实物见证，是他坚定理想信念的红色精神寄存者，它让我们更直观、生动地感受到老一辈无产阶级革命家工作、生活的细节。

九、中共五大会场历史照片

中共五大会场历史照片

　　在中共五大会址基本陈列展厅中陈列着两张首次发现的中共五大会场历史照片，分别记录了中共五大开幕式和会议期间的真实场景。

　　第一张照片下方用俄文标注"1927年4—5月中共五次代表大会"。会场主席台正中墙上，从上至下分别悬挂马克思、列宁、孙中山带木质边框的照片，边框上披着用红绸扎成的布球飘带。照片左右两侧分别斜挂着中国共产党党旗（镰刀锤头旗）和国民党党旗（青天白日旗）。巨幅布标语从天花板垂下，分布于旗帜外侧。标语上可见"坚决的领导农民……""资产阶级叛逆后……努力团结于无产阶级"等字样。主席台上有两排桌子，坐有9人，站立4人，台下坐着若干会议代表。

第二张照片中，房顶为中国传统木梁、"人"字形结构屋顶，木梁上挂满了彩旗和灯笼，四周墙面贴满标语和宣传画，后墙正中有一大幅宣传画和放着光芒的五角星。代表们面向主席台密密麻麻坐满了会场，窗边还有代表站立，他们神情庄重、聚精会神，服饰反映代表来自各个阶层，具有明显时代烙印。照片中还发现外国人的面孔。照片背面也有俄文说明，内容与第一张相同。

1927 年，蒋介石在上海发动四一二反革命政变，大肆屠杀共产党员、国民党左派以及革命群众。在大革命生死存亡的紧急关头，中国共产党于 1927 年 4 月 27 日至 5 月 9 日在武汉召开中国共产党第五次全国代表大会。出席大会的代表 82 人，代表全国 57967 名党员，以罗易、多里奥、维经斯基组成的共产国际代表团参加大会，以谭延闿、徐谦和孙科组成的国民党代表团到会祝贺，汪精卫应邀列席了一天会议。

中共五大通过了《政治形势与党的任务议决案》《土地问题议决案》等，选出了由 31 名正式委员和 14 名候补委员组成的中国共产党第五届中央委员会。大会第一次选举产生了中央监察委员会，由正式委员 7 人、候补委员 3 人组成。

2016 年，为筹备中国共产党纪律建设历史陈列展，武汉革命博物馆面向全球征集文物资料。受武汉革命博物馆委托，中国社科院近现代史研究员王福曾、李玉贞夫妇与武汉革命博物馆工作人员一同前往荷兰、俄罗斯搜集中共五大的相关史料。因为中共五大是在共产国际指导下召开的，于是他们多次到俄罗斯国家社会政治历史档案馆查询档案，最终发现了这两张珍贵历史照片。它们是仅有的反映中国共产党早期党代会的照片，具有填补国内党史档案空白的重要意义。

十、董必武为武昌中央农民运动讲习所旧址的题诗

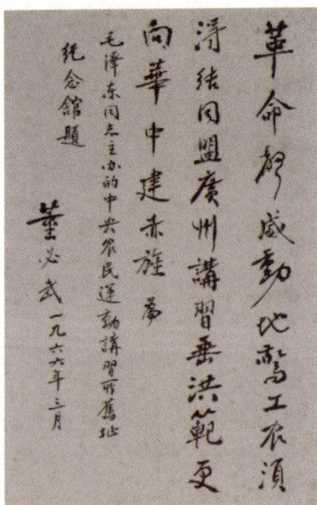

1966 年董必武为武昌中央农民运动讲习所旧址的题诗

董必武为武昌中央农民运动讲习所旧址的题诗，纵 27.5 厘米、横 18 厘米。毛笔直书："革命声威动地惊，工农须得结同盟。广州讲习垂洪范，更向华中建赤旌。为毛泽东同志主办的中央农民运动讲习所旧址纪念馆题，董必武，一九六六年三月。"现为馆藏一级文物。

董必武（1886—1975 年），原名董贤琮，又名董用威，字洁畬，号璧伍，湖北黄安（今红安）人。中国共产党的创始人之一，曾任中共中央南方局副书记、中共重庆工委书记、中共中央财经部部长、中

共中央华北局常委、华北人民政府主席。中华人民共和国成立后，历任中央财经委员会主任，政务院副总理，政务院政法委员会主任，最高人民法院院长，全国政协副主席，中共中央监察委员会书记，中华人民共和国副主席、代主席，1975年1月任第四届全国人大常委会副委员长，是中共六届中央委员，第七、第八、第九届中央政治局委员，第十届中央政治局常委。

1926年11月底，毛泽东从上海来到武汉。为适应农民运动迅速发展迫切需要大批农运干部的形势，他向国民党湖北省党部提出在武昌开办农民运动讲习所的建议，得到董必武的大力支持。12月15日，董必武主持召开国民党湖北省第三届执行委员会第一次会议，研究开办农民运动讲习所的问题，拨出经费1.6万元。会后，又函请湖北政务委员会拨前私立政法学校为农讲所校址，董必武亲自为农民运动讲习所选送学员。正是由于董必武的全力支持，武昌中央农民运动讲习所才冲破了蒋介石的阻挠，在1927年3月按期开学。

中华人民共和国成立后，董必武一直十分关心武汉的经济和文化建设。在董必武的支持下，1965年武汉中学恢复重建。1966年3月下旬，董必武亲临武汉察看武汉中学恢复重建的情况。1966年3月30日，董必武办公室主任沈德纯等人在武昌农讲所参观时，表示如有可能，尽量争取董必武来参观。后因脑膜炎流行，武昌农讲所旧址纪念馆内也发现疫情，终未成行。为此，1966年4月6日，董必武安排沈德纯写信说明原因，并派专人送到武昌农讲所旧址纪念馆，随信附有董必武的题诗一首。沈德纯在信中说："近因脑膜炎流行，董老不便前去参观，董老为纪念馆作了一首诗，并亲笔书就，特专函送上。"

这首诗是董必武为纪念武昌农讲所旧址纪念馆开放三周年而写的，表达了董必武对毛泽东主办农讲所的赞誉和对毛泽东的崇敬。

十一、1920 年武昌利群书社发行的《互助》

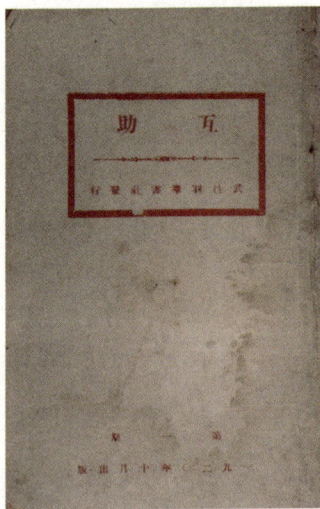

1920 年武昌利群书社发行的《互助》

《互助》，纵 19 厘米、横 12.1 厘米，32 开本，共 105 页，铅印。封面为白色，上方红框内从右至左印两行红色小字即"互助"（刊名）、"武昌利群书社发行"；底部也印有两行红色小字："第一期""一九二〇年十月出版"。现为馆藏一级文物。

恽代英（1895—1931 年），祖籍江苏武进，生于湖北武昌。父亲是清朝的八品官员，母亲出生于清朝的仕宦之家，是恽代英的启蒙老师。内忧外患的社会现实使得恽代英从小就具有强烈的爱国热情，他自幼熟读《纲鉴易知录》《饮冰室文集》等书，并常以谭嗣同在狱中的遗诗自勉。1913 年春至 1918 年 7 月，恽代英在武昌中华大学学习。其间，他积极参加新文化运动，经常阅读《新青年》《东方杂志》等进步期刊并在上面发表文章，成为新文化运动中冲锋陷阵的猛士。

恽代英十分重视社团在改造社会中的作用。1917 年 10 月 8 日，他和黄负生、林育南、刘仁静等在武昌中华大学内组织了青年团体——互助社，其宗旨是"群策群力，自助助人"，成为当时在武汉地区青年中影响最大和最负盛名的社团组织。1 年后，互助社发展到 5 组 19 人。1920 年 1 月 22 日，恽代英与林育南等 12 人以"利群书社"的名义在上海《时事新报》的副刊《学灯》上发表了成立宣言——《共同生活的社会服务》。宣言规定了利群书社的名称、开业时间、股本来源、活动规划、书社宗旨等内容，集中反映了书社致力于建立新生活、改造旧社会的奋斗精神和对未来中国的美好展望。为了创办利群书社，恽代英带头，慷慨地捐出从武昌中华大学离职时得到的几十吊薪水，同时他还自告奋勇"向家庭索钱"，动员其伯父捐资 20 元，再加上由原来互助社经营的书报代售部转来的 35 串钱，构成了利群书社最原始的资金。1920 年 2 月，利群书社在武昌横街几间简陋的房屋内正式成立了。利群书社主要经销马克思主义著作和《新青年》《新潮》等新书报，客观上成为长江中游传播马克思主义的阵地。

书社成立后，以白话文出版了自己的刊物——《我们的》和《互助》。《我们的》为油印报纸，仅出了 3 期就停刊了。为满足社员精神需求，书社又推出了《互助》月刊。《互助》主要是记载社员们试验新生活和开展"社会大辩论"的通信，《互助》第一期还刊登了恽代英撰写的《未来之梦》和《共同生活的社会服务》，印数仅 1000 册，虽属内部刊物，但由于被社员带到各处传播，社会影响较大。《互助》虽然只发行了 1 期，但是由于这是书社自己的刊物，在促进利群书社成员成长的同时，也扩大了利群书社的社会影响力，使其成为武汉地区宣传新思想、传播马克思主义的主战场。

1921 年 7 月 16 日至 21 日，恽代英、林育南召集受利群书社影响的 24 名进步青年，在湖北黄冈浚新小学成立了共产主义性质的革命团体——共存社。中国共产党在上海成立后不久，共存社的许多成员都加入了中国共产党并积极投身其领导的革命事业。如林育英、林育南、黄负生等都以满腔热血报效国家。

这本《互助》是张公度于 1940 年购于南京一小旧货摊，一直妥善珍藏，几经波折才留存于世。1987 年，在上海的张公度将这本弥足珍贵的《互助》捐赠给武汉革命博物馆。

《互助》发行量有限，存世较少，是研究五四时期社团和恽代英等利群书社成员的重要文献资料，具有很高的历史价值和研究价值。

十二、1926年出版的《中国青年》第六卷

《中国青年》第六卷，纵20厘米、横14厘米、厚0.2厘米，32开本，直排印刷。书本纸张焦脆老化，断裂残缺多处。封面上方直排红字为本期目录内容，下方直排字样分别为"第六卷第二号""（第一二七期）""一九二六年七月十七日出版"；右上方为套红地的刊名"中国青年"，右下方一图案为一人手拿弓箭骑着骏马向前奔驰。现为馆藏三级文物。

1926年出版的《中国青年》第六卷

《中国青年》是大革命时期出版时间最久、最杰出的革命报刊之一。作为中共领导的共青团中央机关刊物，它在1923年10月创刊至1927年10月第一次停刊期间，共出版168期，刊发国内外约400位作者的各类文章1000余篇，留下了240多万字的宝贵思想财富，发行量最高时达3万多份。《中国青年》围绕中共中央和共青团中央的工作中心，积极传播马克思列宁主义，准确宣传党的民主革命纲领、路线和团的决议，及时报道各地青年界活动消息，开设

"时事述评""一般的革命运动""一般的反帝国主义运动""共产主义及一般的革命理论之研究""新刊批评""青年界消息""青年问题""文艺""通讯"等栏目，紧密结合青年特点进行有针对性的宣传。在表现出极高的政治敏锐性和理论彻底性的同时，《中国青年》还注重编辑的技巧性和艺术性，力求版式新颖、文字通俗易懂，深受当时的读者特别是青年人的喜爱，并被广大青年当作良师益友和精神食粮，是一盏指引爱国青年投入反帝反封建斗争的明灯。

《中国青年》第一二七期载有《前进（马赛曲）》《"同学间难于合作"吗？》《悼何昌琳同志》《弱水》《政党与阶级——评小鸡党》《美国人之广州观》《两个盲人》《反赤军旗下之湖南学生》《我们的时代（二）》等内容。

为贴近革命运动、贴近青年生活实际，《中国青年》杂志社多次向全国青年读者约稿，力求使刊物内容更充实、涵盖范围更广、文字更有趣味，并提出思想文化宣传既要面向大众又要贴近大众。《中国青年》第一二七期既有洋洋洒洒先后分几期才刊发完的革命长文，也有仅仅 17 字的小诗《弱水》。

《中国青年》刊登的歌曲《前进》以《马赛曲》作曲，歌词以"前进啊"开头，以"强敌可恨""拼此热血，洗净乾坤"展开，以"冲锋陷阵，不胜不停""胜利啊终属于我们"结尾，展示了革命的热情、昂扬的斗志。作者明示："特按曲作一歌，名《前进》，愿我革命青年携手高歌，'前进杀贼'！"该歌曲在北伐开始时作成，既有深远的意境、浓烈的诗意，又有巧妙的构思、耐人寻味的感情外延，足以引起人们对北伐胜利、革命成功的联想。

为激发广大青年的斗志，林育南以《中国青年》为阵地，撰写了一批革命家的小传文章，如《悼何昌琳同志》，极大地鼓舞了广大青年前仆后继，继承革命先烈遗志。

该藏品由江忠衡捐赠，对于研究中共党史、共青团史具有重要的参考价值。

十三、《湖北省惩治土豪劣绅暂行条例》

1927年国民党二届三中全会通过的《湖北省惩治土豪劣绅暂行条例》

《湖北省惩治土豪劣绅暂行条例》，竖排油印，纵28厘米、横19.2厘米，纸质焦黄，中间残缺严重，字迹漫漶。右侧从上到下为标题"湖北省惩治土豪劣绅暂行条例"，字迹较为清晰。现为馆藏三级文物。

1926 年 10 月，北伐军占领武汉，农民运动突飞猛进。1927 年湖北省农民协会领导农民，向把持乡村政权的土豪劣绅发起进攻。许多土豪劣绅勾结匪徒疯狂反扑、肆意破坏，阳新、监利、汉川等地连续发生残杀农会干部事件，特别是"二二七阳新惨案"。为了防止类似事件的发生，1927 年春，由董必武、邓初民等人主持起草制定了《湖北省惩治土豪劣绅暂行条例》《湖北省审判土豪劣绅委员会暂行条例》。为了排除阻力，扩大政治影响，当时曾将这两个条例，提交正在武汉召开的国民党二届三中全会进行审议。董必武在会上说："湖北的惩治条例系根据湖南已行之惩治条例，足以维护农民运动。因为土豪劣绅之犯罪，为普通法律所不能及，应从速颁布。"毛泽东在会上坚决支持董必武提出的议案，他说："土豪劣绅，必须以革命手段处置之，必须有适应革命环境之法庭，最好由农民直接行动。和平办法是不能推倒土豪劣绅的。故亟应颁布此条例，以便推行各省。"1927 年 3 月 15 日，全会正式批准了这两个条例，并作为大会决议案的附件发到全国各地。这两个条例制定后，就在全省展开了一次惩治土豪劣绅的群众运动，逮捕、监禁和镇压了一批罪大恶极的不法地主和反革命分子。1927 年 5 月 27 日，仅咸宁县一次就枪决了勾结夏斗寅叛军残杀农民的土豪劣绅周爱惠、王德真等 7 人。

《湖北省惩治土豪劣绅暂行条例》主要内容为：一、严格规定了土豪劣绅的概念。条例明确规定：凡凭借政治经济门阀身份以及一切封建势力或其他特殊实力（如凭借团防、勾结土匪）在地方上有欺压群众、反抗革命活动者，即为土豪劣绅。二、规定了土豪劣绅的主要罪行表现及量刑标准。条例规定反抗革命及阻挠革命、作反革命宣传者，反抗或阻挠民众运动（如农民运动、工人运动、商民运动、青年运动、妇女运动）者，勾结军阀、蹂躏地方党部或党部人员者，与匪通谋坐地分赃者，借故压迫平民、致人于死亡者，处死刑或无期徒刑，并没收其财产。借故压迫平民、致人伤害或损失者，包揽乡间政权、武断乡曲、劣迹昭著者，处无期徒刑或一等有期徒刑，并没收其财产。欺凌孤弱、强迫婚姻或据图掳掠为婚者，挑拨民刑诉讼、从中包揽图骗图诈者，破坏或阻挠地方公益者，处一等有期徒刑或二等有期徒刑，并没收其财产一部分或全部。对于侵蚀公款或假借名义敛财肥己者，根据下列情形处罚：十元以上未满五百元者，处四等或五等有期徒刑，并科千元以下罚金；五百元以上未满千元者，处二等至四等有期徒刑，并科两千元以下罚金；千元以上未满三千元者，处一等或二等有期徒刑，并科六千元以下罚金；三千元以上者，处死刑或无期徒刑，并没收其财产。另外，该条例特别规定对以上犯罪者除按上述规定处罚外，还终身剥夺其公权。北洋政府现行的新刑律总则中不和本条例相抵触的部分，继续适用。对上述犯罪的审判由湖北省审判土豪劣绅委员会负责。

《湖北省惩治土豪劣绅暂行条例》是中国共产党领导制定的最早的刑事法规之一，对于打击封建势力、支持农民运动起了重大作用。它在中国现代革命史和法制史上，也是一篇具有重要历史意义的文献。该藏品由江忠衡捐赠给武昌农讲所旧址纪念馆。

十四、1926 年出版的《中国农民》第八期

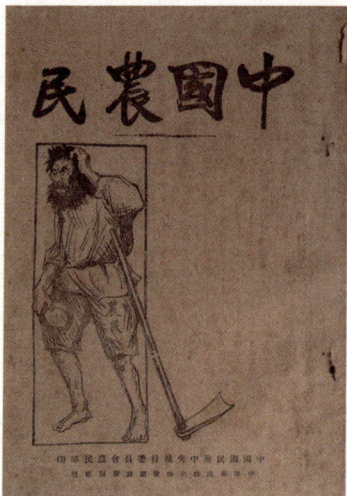

1926 年出版的《中国农民》第八期

《中国农民》第八期，纸质，纵 26.5 厘米、横 19 厘米、厚 0.4 厘米，16 开本。封面上端从右至左印有刊名"中国农民"，右侧直排印有"第八期目录"的全部内容，左侧为一赤足农民身上靠着一把锄头画像。下端从右至左印有"中国国民党中央执行委员会农民部印"和"中华邮政特准挂号认为新闻纸类"并列二排字样。封底罗列了《中国农民》第五期至第七期目录。文中所有内容都是直排印刷，共 70 页，并有插图 7 幅。现为馆藏一级文物。

《中国农民》是大革命时期中国国民党中央执行委员会农民部主办的指导农民运动的刊物。1926 年 1 月 1 日在广州创刊，初为月刊，从第四期起为不定期出版。每期印有 5000 份，设有"论文""报告""特载""国际农民消息""中国农民消息""参考资料""来函"等栏目，每期还刊载多幅反映广东农民运动的插图。由毛泽东主编，

李大钊、彭湃、林伯渠、阮啸仙等曾为撰稿人。主要刊载探讨中国革命中农民问题的理论文章，各地农民运动的报告和经验介绍等。第一期和第二期分别发表毛泽东《中国农民中各阶级的分析及其对于革命的态度》《中国社会各阶级的分析》两篇论文。1926 年 12 月一度停刊。1927 年 6 月在汉口复刊，共出版了 12 期。

本期《中国农民》出版于 1926 年 10 月，其内容包括甘乃光写的《谁是国民革命的主力军》、罗佐夫斯著的《各时期中的农民问题》、国民党湖南省党部发表的《湖南农民运动目前的策略》、河南省党部发表的《河南省农民运动报告》、浙江省党部发表的《浙江省之农民政治经济状况》、江苏省党部发表的《江苏农民之经济政治文化状况》，大多数文章最后都记录着廖仲恺或是孙中山说过的话，同时每篇文章的标题上方都插有不同的小图片。除文字内容外，本期刊物中还载有 7 张图片，反映了廖仲恺殉国周年纪念、江西永修县第一次农民代表大会、广东省农民协会执行委员会扩大会议等情况。

《中国农民》图文并茂，生动活泼，收录了很多重要革命者的文章，为当时革命思想的传播提供了一个很好的平台，也是研究第一次国内革命战争时期历史特别是农民运动历史的重要资料，具有很高的理论价值和史料价值。

《中国农民》是为农民阶级利益而宣传、奋斗的刊物，它大量刊载各地农民运动的情况报告，从而交流了各地农民运动的经验，大大地推动了当时的农民运动。第一次国共合作期间，农民运动迅速发展成为一股不可抑制的革命新潮，《中国农民》在这方面无疑是起到了巨大的推动作用。

　　该藏品由湖北省博物馆划拨，对研究中国近代农民问题和大革命时期国共合作历史具有一定历史价值。

十五、1927 年出版的《湖北农民》旬刊（第十四五期合刊）

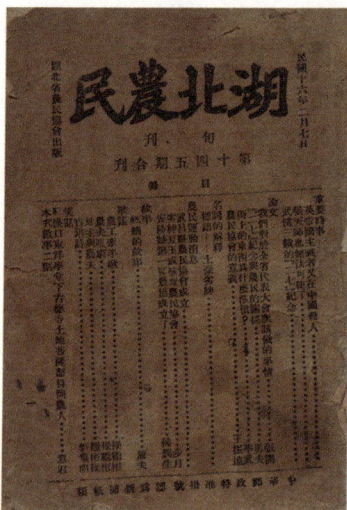

1927 年出版的《湖北农民》旬刊

　　《湖北农民》旬刊，纸质铅印本，纵 18.5 厘米、横 13 厘米、厚 0.1 厘米，1927 年由湖北省农民协会出版。正文从右至左竖排黑白印刷。封面上部中间从右至左印有"湖北农民"刊名；刊名右侧是出版时间"民国十六年二月七日"，左侧是"湖北省农民协会出版"；刊名下方印有三行横向字样，第一排为"旬刊"，第二排为该期期号"第十四五期合刊"，第三排为"目录"；目录下方横线隔开为该期刊载目录。现为馆藏三级文物。

　　为了适应农民运动发展的需要，1926 年 1 月，国民党湖北省党部农民部决定由湖北省农协宣传部张学武等组成编辑委员会，创办《湖北农民》作为湖北省临时农民协会机关刊物，作为专门指导湖北农民运动的杂志。《湖北农民》开始为半月刊，内部发行，每期印 4000 份，每份零售铜圆两枚。

1926 年 3 月，湖北省临时农协遭到直系军阀政府的破坏，《湖北农民》仅出版了两期，便暂时停刊。1926 年 5 月，继续发行，不久改为旬刊。1927 年 3 月，湖北省第一次农民代表大会在武昌阅马场举行，正式成立了湖北省农民协会，《湖北农民》成为省农协的机关刊物。该刊开设有"重要时事""论文""农民运动消息""特别记载""文艺"等专栏。专栏有时也转载湖北省农民协会的布告等重要文件，文件主要由省农协和县、区农民协会负责人撰写，也有部分是由农民协会会员撰写。此外，《湖北农民》经常报道广东、湖南等省农民运动的消息。

《湖北农民》旬刊以"系统的教育，文字浅近通俗，便于农民阅览"为宗旨，积极宣传中国共产党的方针和政策，紧密配合革命形势的发展，对唤起湖北农民奋起反对帝国主义和封建主义的觉悟起了积极作用。其主要内容有：大力宣传组织农民协会的重要性，号召农民积极建立和发展农民协会组织；宣传北伐战争的重大意义，动员农民支援国民革命军；激励农民热爱祖国，坚决反对帝国主义；宣传建立工农联盟思想，坚持无产阶级国际主义原则；动员农民武装起来，反击敌人的猖狂进攻。

第十四五期合刊专门发表了由列蕃、勇夫写的《五一节告中国农民》《五一节与农民》和《二七纪念与农民的关系》等文章，简明扼要地阐述了建立工农联盟的必要性。

《湖北农民》前后历时近一年半，第一次国内革命战争失败后，由于形势变化、环境困难而停刊。它的历程虽短，却做了很多有益的工作。在湖北地区，《湖北农民》是农民的喉舌、农民运动的战斗号角。

《湖北农民》旬刊为研究湖北农民运动历史提供了重要历史资料。

十六、毛泽东使用过的铁箱

毛泽东使用过的铁箱

毛泽东使用过的铁箱，铁质，长方体。通长 70 厘米、通宽 50 厘米、通高 27 厘米，重 12 公斤。铁箱由白铁皮打制而成，箱体为黑色，箱内刷有红色油漆。箱盖上有两个横杠，箱盖及两侧各铆有 8 个铁钉，用作加固及装饰。箱子的正面和两侧各有一铁质吊环拉手。现为馆藏三级文物。

1926 年 11 月下旬，毛泽东离开上海经南昌来到大革命的中心武汉。1926 年 12 月中旬，他出席了中共中央政治局在汉口召开的特别会议。会上，中共中央总书记陈独秀指责正在全国兴起的轰轰烈烈的农民运动。面对责难，毛泽东没等会议结束，便到农民革命斗争最发达的湖南考察。从 1927 年 1 月 4 日到 2 月 5 日，整整 33 天，行程 700 多公里，他的足迹遍布 5 个县的山山水水。1927 年 2 月 12 日，毛泽东回到武昌。在都府堤 41 号的卧室里，伴着油灯，他写成了中国共产党农民运动史上的光辉巨著——《湖南农民运动考察报告》，用实地考察所得的大量无可辩驳的事实，论述了农村革命的伟大意义。

这一时期，毛泽东还担任武昌中央农民运动讲习所常委，主持讲习所的日常工作并授课，十分繁忙。他常常在晨曦的钟声中走出都府堤 41 号大门，不是召开会议，就是在农讲所工作、授课，直到深夜才回到住所。他总是忙得饭都顾不上吃就伏案写作。1927 年 2 月，为了更好地从事革命斗争，在党的安排下，毛泽东的夫人杨开慧与儿子毛岸英、毛岸青及杨开慧的母亲来到武汉，居住在都府堤 41 号的民宅里。为了使毛泽东有更加充沛的精力运筹革命大事，杨开慧夜以继日地帮助毛泽东整理书稿和资料。

四一二反革命政变后，白色恐怖笼罩全国。1927 年 7 月，毛泽东和杨开慧离开都府堤时，将这个铁皮箱带回了杨开慧的家乡——湖南板仓。1930 年杨开慧牺牲后，这口铁箱由杨母保存。

新中国成立后，杨母到长沙与儿子杨开智同住，并把保存的铁箱带到杨开智家。杨母去世后，此箱就留在了儿子杨开智家中。

1967 年，经湖北省委、武汉市委批准，武昌都府堤 41 号按原貌修复，并辟为纪念地。工作人员远赴湖南找到杨开慧的哥哥杨开智，向其说明情况。杨开智回忆了都府堤 41 号的原貌，并将铁箱捐赠给武汉革命博物馆。

这个铁箱是毛泽东、杨开慧一家共同生活时留下的原物，是见证毛泽东和杨开慧在武昌从事农民运动以及他们一家短暂美好生活的珍贵物证，由于毛泽东、杨开慧遗物存世不多，更显弥足珍贵。

十七、1926 年编印的《农民运动》第十一期

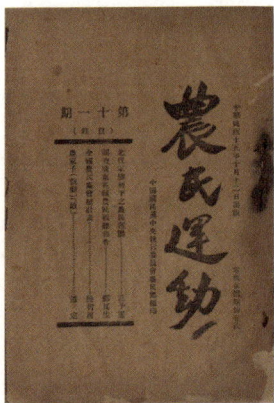

1926 年编印的《农民运动》第十一期

《农民运动》第十一期，纸质，竖排铅印，纵 18.5 厘米、横 13 厘米、厚 0.1 厘米，32 开本。纸张泛黄。封面从右至左竖排印刷，印有出版时间"中华民国十五年十月十二日出版"、每份售价、期刊名"农民运动"、"中国国民党中央执行委员会农民部编印"、"第十一期"及目录等。现为馆藏三级文物。

　　《农民运动》是第一次国共合作时期由中国国民党中央执行委员会农民部主办的指导农民运动的通俗刊物。《农民运动》由中国国民党中央执行委员会农民部编印，每期发行 1 万份，1926 年 8 月 1 日在广州创刊，至 1927 年 6 月共出版 28 期。该刊的主要内容是：公开研究国民党农民运动的经验和计划，发表各地农民经济状况、社会地位及其政治态度的调查材料，介绍国内外农民运动的情况，发动农民支援北伐战争。主要刊载有关农民运动的政论文章和国民党中央执行委员会农民部、各省农民协会的宣传资料。在刊物上发表文章的多为国民党左派和共产党人，如陈克文、甘乃光、邓演达、阮啸仙等。

　　《农民运动》采取灵活多变的形式进行宣传工作。创刊之际，正值大革命时期，它刊载有关农民运动的论文和宣传材料报道，批驳对农民运动的诬蔑，宣传农民运动理论，报道农民运动动态。它曾广泛报道湖南、湖北、江西、广东、广西、山东、河南等省份农民运动的情况和经验，较为客观地反映了全国农民革命斗争的形势，旨在加强对农民运动的指导，在当时产生较大社会影响。

　　《农民运动》第十一期是民国十五年（1926 年）10 月 12 日出版，刊载了国民党中央常委范予遂的《北伐军胜利下之农民运动》、邓良生的《调查广东花县农民被难报告》、陆智西的《全国农民协会统计表》等，其中写道："固然，农民要得到解放，必待北伐军胜利之后。但北伐军完全胜利后，其革命政府及革命军人，是否能绝对的拥护农民利益，是否不蔑视或竟摧残农民的利益，则视农民自觉的程度如何而定。如果农民不自己觉悟，把自己的力量集中团结起来，作革命军的监督者、指导者，则革命军纵然不忽略了农民利益的地方……"文章阐述了农民运动能否取得成功取决于农民自身的觉悟。

该藏品由甘泽生捐赠，是研究大革命时期农民运动的重要史料。

十八、《湖北省农民协会第一次代表大会日刊》

1927年《湖北省农民协会第一次代表大会日刊》

《湖北省农民协会第一次代表大会日刊》，纸质，竖排铅印，纵28厘米、横19厘米，发行于1927年湖北省农民协会第一次代表大会期间。封面居右印有"湖北省农民协会第一次代表大会日刊"，居中从上至下依次印有孙中山遗像、孙中山遗嘱和当期目录，左下侧印有"第十八期""中华民国十六年三月廿一日（1927年3月21日）""湖北省农民协会第一次代表大会秘书处宣传科""非卖品"字样。封底绘有一艘启航的桅船。现为馆藏三级文物。

1927 年，湖北省农民运动迅速发展，43 个县建立了农民协会，会员超过 80 万人。1927 年 3 月 4 日至 22 日，为总结全省农民运动经验和制定新的政策，湖北省农民协会在武昌召开了湖北省农民协会第一次代表大会。出席大会的代表 170 人中农民代表占 73%，其中佃农占 27%。大会通过了 35 个决议案，作出了政治上加强农民参政、经济上没收地主财产，进一步建立和扩大农民武装的重要决议。

第十八期《湖北省农民协会第一次代表大会日刊》详细收录了李汉俊在大会上的演说词、文电《湖北省农民协会第一次代表大会为汪精卫先生去职周年告同胞》、4 个决议案（《农村合作社问题决议案草案》《烟毒问题决议案》《扩大反英运动决议案》《取缔高利贷决议案》）和来自江西省农民协会、中华全国总工会和夏口（汉口）农工商学联合会的祝词，反映出如下情况：

一是农民运动面临紧迫形势。中共党员、工人运动领袖李汉俊在演说中指出：工农的革命成果往往总被野心家篡夺，而"农工仍受压迫"，"国民党内发生很大危机，有新军阀摧残民众运动"。他提醒参会者"要集中各方力量，准备向反革命派进攻"，大会文电《湖北省农民协会第一次代表大会为汪精卫先生去职周年告同胞》中也谈道："革命队伍内部发生了腐化，少数分子凭个人喜爱憎恶，甚至反对总理政策、摧残农运、与帝国主义妥协。"

二是农民依然遭受着严酷的经济剥削。大会决议案《农村合作社问题决议案草案》指出：当前，乡村金融完全为地主操控，地主阶级更通过种种经济手段剥削农民、积累他们的资本。商人也在居奇剥削农民，利用农人"不知商情"，对于生产的产品"缺乏正确的认识"，"也无资本对农产品进行精细加工"，"使小农吃亏不知有多少"。

三是省农民协会的应对措施。大会呼吁"如果和工人联合在一条战线上，共同战斗，革命马上就可以（成功）"，并提出革命要胜利，一要"改造农业生产方式，改良农业生产方法，推翻现在的土地制度，利用机器共同生产"；二要"加强我们的组织"。大会决定在各地建立合作社（信用合作社、贩卖合作社、利用合作社和生产合作社），解决农民信息闭塞、生产力有限、生产资料匮乏的突出问题，为其免除高利贷的盘剥，帮助建设水利灌溉工程、采购农产品精加工机器，促进农业生产力发展。

该藏品由汪向明无偿捐赠，是湖北省农民协会第一次代表大会召开的实物见证，对于研究大会主张和决议、湖北农民运动的发展历程和宣传策略具有重要的价值。

十九、黄剑锋烈士私章

黄剑锋烈士私章，木质，梯形体。通长 6 厘米、通宽 2.6 厘米、通高 3 厘米。印面为长方形，有边框，正中刻有两个大小相同的方形印章，上部白文篆刻"黄剑锋印"，下部朱文篆刻"侠仙"。印背阴刻"上"字。现为馆藏三级文物。

黄剑锋（1902—1930年），江西于都人。幼年时曾在私塾读书，20岁考入于都昌村中学。1926年在中共党员丘偶等人的教育和引导下，投身于学生运动，担任于都昌村中学学生会负责人，成为于都早期学生运动领导人之一。这一时期，黄剑锋光荣地加入了中国共产党，走上了革命的道路。1927年受于都党组织派遣赴

武昌中央农民运动讲习所学员黄剑锋烈士私章

武昌中央农民运动讲习所学习。在学习期间，他与混进农讲所的反革命分子进行坚决斗争，引起了反动分子的报复。从农讲所毕业后，他随江西籍学友一起返回家乡领导革命斗争。回到江西南昌后，他奉中共江西省农委的指示，留在南昌参加八一南昌起义。起义开始后，他加入战地救护队，在老福山一带孤身一人抢救了多名起义部队的受伤官兵。起义军撤出南昌后，他又以特派员的身份离开南昌回到家乡于都继续从事农民运动。他以教书为掩护，秘密发动、组织农民革命。1928年春，他联合在农讲所学习时的江西籍学友一起组建了党支部，采取秘密串联、培养农民骨干等方式组织农民群众，壮大革命队伍，领导当地农民开展武装暴动。

由于国民党对农民运动的残酷镇压，于都农民暴动严重受挫。但黄剑锋没有气馁，他继续以乡村教师的身份作掩护，以萍乡农民群众为基础，继续坚持斗争。经过艰苦工作，终于在1928年年底使东乡的革命局面发生了新的变化。他带领100多名配有武器的农

民组建武装，随时准备进行武装暴动。1929 年 2 月，他领导东乡农民进行武装暴动，成立东乡农民协会，组建了东乡地区第一支农民自卫武装，即于东赤卫队。

1929 年 3 月至 4 月，中国工农红军第四军（以下简称"红四军"）在于都一带活动。同年 4 月 8 日，毛泽东到梓山与黄剑锋进行了长时间谈话，并作了重要指示。通过这次深谈，黄剑锋受到了深刻教育，对建立工农武装、建立农村革命根据地等有了进一步的认识。不久，在红四军的帮助下，于都县成立了工农兵革命委员会。黄剑锋任革委会秘书，后又被调到赣西南特区苏维埃政府工作，先后在吉安、万安、遂川和信丰一带从事革命活动，当选为特区苏维埃委员。1930 年，他回到于都继续从事革命活动。1930 年 6 月，反动靖卫团攻陷于都时，黄剑锋进行英勇抵抗，不幸中弹牺牲。

此枚印章是黄剑锋短暂的革命生涯的见证，具有一定的文物价值。1975 年由黄剑锋的后裔黄文祥捐赠给武昌农民运动讲习所旧址纪念馆，现藏于武汉革命博物馆。

二十、新青年社发行的《社会主义讨论集》

《社会主义讨论集》，纸质，纵 18.3 厘米、横 13 厘米、厚 2.2 厘米。封面顶部从右到左印有"新青年丛书第二种"字样，居中直排印有"社会主义讨论集"字样，封底内页直排印有如下文字："一千九百二十二年九月初版（新青年丛书第二种）；社会主义讨论集，定价大洋七角；编辑者：新青年社编辑部；出版者：新青年社；印刷者：艺苑印刷所，发行者：新青年社总发行所。"封面上还留有两位藏书者的笔迹：右上角题有"远定，在□□，

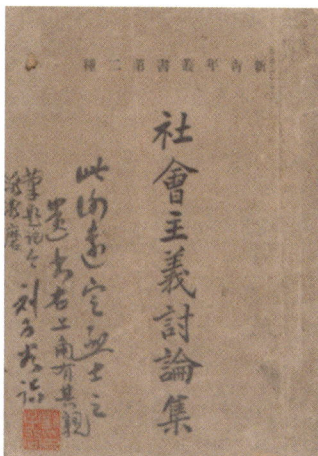

1922 年新青年社发行的《社会主义讨论集》

二三，一，一六"；左下方书有"此谢远定烈士之遗书，右上角有其亲笔题记……刘子谷识"，并钤有刘子谷印。根据这些内容可判断这本书为 1923 年 1 月 16 日烈士谢远定购得，经刘子谷辨识并证明为其遗物。此书为新青年社 1922 年 9 月初版。现为馆藏三级文物。

　　1919 年五四运动后，中国社会的改造问题成为社会有识之士的讨论焦点，在当时引发了一场关于社会主义的论战。论战的中心是"中国要不要建立无产阶级政党"，"走资本主义道路还是走社会主义道路"。论战的发起者梁启超等人否认进行革命的重要性和成立工人阶级政党的必要性。对此，李达、陈独秀、李大钊、蔡和森等人在《新青年》等刊物上发表文章进行了系统的批判，指出社会主义的原则同样适用于中国，改变中国现状必须联合劳动者、组织革命团体、改变生产制度。论战持续了 1 年多时间，1922 年年

初结束。论战扩大了科学社会主义在中国的影响，为中国共产党的成立做了思想上的准备。1922 年 9 月，广州新青年社根据论战内容编辑出版《社会主义讨论集》，还原了这次思想交锋的过程，集中体现了中国早期马克思主义者的革命主张，展现了马克思列宁主义同中国革命相结合的最初理论形态。

《社会主义讨论集》收录了陈独秀的《谈政治》《关于社会主义的讨论》《社会主义批评》《讨论无政府主义》《马克思主义学说》，李达的《马克思派社会主义》《评第四国际》，李汉俊的《中国的乱源及其归宿》《我们如何使中国的混乱赶快终止》，周佛海的《实行社会主义与发展实业》《进化与革命》，李季的《社会主义与中国》，施存统的《马克思的共产主义》等 25 篇文章。内容涵盖了对社会主义的讨论与品评、对无政府主义的讨论与解剖、马克思学说、马克思派社会主义、实行社会主义的途径等主题。该书成为研究马克思主义在中国的早期传播史和马克思主义中国化过程的一部经典文本，是马克思列宁主义与中国革命实践结合的初始文本。初版的发现对研究早期马克思主义传播有着重要价值。

该文物为谢远定烈士的生前读物，后被刘子谷收藏。谢远定（1899—1928 年），湖北枣阳人。1916 年考入湖北省立中学，1917 年转入武昌中华大学附中，开始接受革命思想，投入五四运动。曾用"老农""园丁""一之"等笔名在《上海杂志》《觉悟》《教育杂志》《妇女杂志》《社会主义讨论集》等刊物上发表文章。1920 年夏考入南京高等师范（后改为东南大学），1922 年加入中国共产党。曾联合学友主办《襄军》季刊，号召青年为改造社会而奋斗。牺牲时 29 岁。

谢远定和刘子谷都是中共党员，在北伐军攻打武汉过程中相识。《社会主义讨论集》可谓早期中国共产党人将马列主义与中国革命结合的最初经典，具有很高的历史价值和研究价值。

特色活动

习近平总书记指出："红色资源是我们党艰辛而辉煌奋斗历程的见证，是最宝贵的精神财富，一定要用心用情用力保护好、管理好、运用好。"为充分发挥全国爱国主义教育示范基地作用，武汉革命博物馆紧紧围绕独特的资源禀赋，立足阵地，深入挖掘红色文化内涵，丰富社教活动内容，积极创新展示手段，凸显教育特色，倾力打造"我在红巷讲党史"红色文化IP，坚持"请进来"和"走出去"相结合，延伸教育触角，在广大干部群众中深入开展理想信念教育、爱国主义教育和中华优秀传统文化教育。

"我在红巷讲党史"强调参与感，凸显"红巷"这一知名地标，不断创新"讲党史"的形式，带领公众追寻先辈足迹，重温革命历史，传承红色文化，赓续红色血脉，迅速成为风行江城的红色文化品牌。该IP下辖"红巷里的思政课""沉浸式实景剧""红巷苗苗研学营""红色文艺宣讲""我们的节日""红色文化'五进'"等多个精品项目和一支覆盖广、形式新、有担当、办实事、讲奉献的"我在红巷讲党史"志愿者团队，让各个领域的人群都参与其中，成为红色文化的守护者、传承者和践行者，生动传播红色文化，真正让中国共产党的精神"飞入寻常百姓家"。

一、红巷里的思政课

为深入贯彻落实习近平总书记关于"大思政课"的重要指示精神，发挥全国首批"大思政课"实践教学基地作用，2023 年，武汉革命博物馆立足丰富红色资源，充分利用武汉"大学之城"优势，联合武汉大学、华中科技大学、华中师范大学、武汉理工大学、中南财经政法大学、湖北大学、湖北中医药大学、湖北美术学院、武汉音乐学院 9 所高校的马克思主义学院共同打造了创新实践教育项目——红巷里的思政课。2024 年又有武汉科技大学、中南民族大学和中国人民解放军陆军工程大学军械士官学校 3 所高校加入。

该项目把思政课搬进博物馆，为广大观众提供了学党史、促交流的平台，实现"思政小课堂"和"社会大课堂"紧密衔接，大中小学师生和社会观众同频共振，营造了浓厚的学

思践悟实践教育氛围，构建起以革命文物为载体的红色场馆育人新体系。

红巷里的思政课每月举办一期，由"红巷思政理论课""红巷青马微宣讲""红巷苗苗故事汇""红巷思政实践课"4个板块组成。将武汉革命博物馆的红色资源与学校资源充分融合，通过广泛吸纳高校学者、大学生和中小学生，打造广覆盖的传播群体，也让思政课从校园走向社会，完成了从影响少数向惠及多数的转变。

"红巷思政理论课"，由联盟高校组织知名专家、学者轮流讲授。老师们结合学科特点、学校特色，讲述中国共产党的百余年奋斗历程，展现时代精神，让人受益匪浅。

红巷里的思政课——"红巷思政理论课"

"红巷青马微宣讲"，由联盟高校大学生志愿者通过丰富多彩的形式展开。华中师范大学马克思主义学院的博士研究生王丹竹在参加博物馆多项活动后，有感而发创作出歌曲《红巷里的光》。武汉革命博物馆将其打磨制作成为"我在红巷讲党史"系列活动主题曲，并发布专题MV。华中科技大学马克思主义学院团队以"串讲+话剧"的形式，讲述了华科3位科学家的故事，继承发扬以爱国主义为底色的科学家精神。

"红巷苗苗故事汇"，由中小学生志愿者"红巷苗苗"结合武汉革命博物馆红色资源，声情并茂讲述红色故事。

红巷里的思政课——"红巷青马微宣讲"

"我在红巷讲党史"系列活动主题MV——《红巷里的光》

红巷里的思政课——"红巷苗苗故事汇"

红巷里的思政课——"红巷思政实践课"

"红巷思政实践课"，由博物馆的社教专员带领观众参观红色场馆、观看沉浸式实景剧、体验特色社教活动等。

红巷里的思政课一经推出就广受关注，线上、线下课约不断，每期活动现场都座无虚席，既叫好又叫座。中央和地方各级媒体和平台多次报道该活动。

2023年，该项目获评教育部、国家文物局共同发布的以革命文物为主题的"大思政课"优质资源十佳示范项目，是湖北省唯一入选项目，并入选"2023年湖北文物十件大事"。

2024年，武汉革命博物馆进一步推陈出新，精准实施"一校一策"，陆续推出了强调思政成果转化的"红巷里的思政市

"红巷里的思政市集"文创集市

"红巷里的诗词党课"

集"，"走出去"唱响红色歌曲的"红巷里的歌"，打造了以诗词为引、党史为魂、"红"字贯穿始终的"红巷里的诗词党课"等思政教育新项目，实现博物馆和学校的"双向奔赴"，打造更丰富、更具特色、更有时代特征的"思政金课"，让思政课更接地气、聚人气、有生气。

二、沉浸式实景剧

在文旅融合的时代背景下，武汉革命博物馆创新形式，依托红巷片区的武昌农讲所、毛泽东同志旧居、中共五大会址、中国共产党纪律建设历史陈列展，与湖北省、武汉市有关专业文艺院团共谋共创，在全省率先推出博物馆沉浸式实景剧《历史的回望》《最后的团聚》《监委主席王荷波》《庄严的宣誓》，实现了4个场馆演出全覆盖。

演出再现了1927年大革命时期毛泽东创办武昌农讲所、中共五大召开、首届中央监察委员会诞生等发生在武汉的历史事件。它们既各自独立又相互融合，通过讲解员实地解读历史背景，专业演员穿着演出服装，让观众与历史人物和历史故事"零距离"互动，在身临其境的历史氛围中，使爱国主义教育入脑入心，让革命旧址成为思政教育的"实景舞台"。该项目上线以来，以创新形式讲好党史，好评如潮。

该项目入选 2022 年度全国文博社教百强案例，获得 2021 年湖北新时代文明实践志愿服务项目大赛金奖、武汉市 2021 年"十佳志愿服务项目"等荣誉近 20 项。

沉浸式实景剧——《历史的回望》

沉浸式实景剧——《最后的团聚》

沉浸式实景剧——《监委主席王荷波》

《历史的回望》真实还原了毛泽东创办的武昌中央农民运动讲习所的学习和生活情况，引领观众追忆革命先辈为人民解放事业殚精竭虑、鞠躬尽瘁的峥嵘岁月。

《最后的团聚》再现了 1927 年毛泽东在武昌都府堤 41 号居住并从事革命活动的点滴瞬间，以及和妻子杨开慧，儿子毛岸英、毛岸青、毛岸龙最后团聚的时光，彰显了一代伟人的家国情怀。

《监委主席王荷波》以中共五大成立首届中央监察委员会为背景，讲述了以监委主席王荷波为代表的党的纪检先驱，有组织、有制度地开展党的监督执纪工作，用鲜血捍卫党的纯洁和共产主义信仰的英雄事迹。

《庄严的宣誓》以舞蹈表演的形式，生动诠释了革命先烈坚守信念、无比忠诚、甘洒热血、矢志不渝的崇高精神，慷慨激昂，感人至深。

沉浸式实景剧——《庄严的宣誓》

三、"我在红巷讲党史"文艺宣讲

武汉革命博物馆紧紧围绕党史学习教育，创新红色文化传播形式，推出"我在红巷讲党史"文艺宣讲精品社教项目。该项目秉持内容全覆盖、形式全覆盖、宣讲主题全覆盖、受众全覆盖、传播全覆盖的"五个全覆盖"理念，依托革命文物，紧扣时代热点，在理论宣讲中融入红色经典音乐、舞蹈、诗词、影视、舞台剧等文艺形式，以武汉革命博物馆教育专员、文艺院团的专业演员和老、青、少三代志愿团队为宣讲主力，同时不断吸纳社会各界人士加入"我在红巷讲党史"文艺宣讲团队。宣讲立足革命旧址，以博物馆为主阵地，配合重大活动、重要节庆日开展主题专场展演，成为全市理论宣讲大格局中一颗熠熠生辉的明珠。

武汉革命博物馆集思广益，面向社会征集 100 余个宣讲作品。经过层层筛选、润色打磨、反复排练，最终精心推出了 30 多个节目，涵盖"信仰坚定""担当使命""纪律严明""家风清廉""脱贫攻坚""抗击疫情"等不同主题，用一个个感人肺腑的楷模故事，一场场形式新、内容精、主题多元的文艺宣讲活动，真正实现既"把党的故事讲给百姓听"，又让"百姓来讲党的故事"，掀起了全民学党史的热潮。

武汉革命博物馆联合湖北广播电视台音乐广播事业部举办了"我在红巷讲党史"之"纪律建设永远在路上"——党风廉政建设宣传教育月文艺宣讲活动，包括信仰坚定篇、纪律严明篇和家风清廉篇三个篇章，通过红色故事、歌舞表演、舞台剧等形式展现了革命先辈们坚定的共产主义信仰、坚强不屈的革命精神以及为国家发展无私奉献的伟大爱国精神，通过网络直播的方式吸引了近 40 万网友观看，反响热烈。

武汉革命博物馆在队伍、内容、形式、阵地上"四维发力"，做大做强"我在红巷讲党史"文艺宣讲品牌，在社区广场搭台，在家门口唱戏，演绎群众爱看的精彩作品，真正推动爱国主义教育热在基层、热在群众、热在民心。

文艺宣讲《我们工人有力量》

文艺宣讲《一份有错别字的入党誓词》

文艺宣讲《永不消逝的电波》

文艺宣讲《同心共筑国家安全钢铁长城》

四、"我在红巷讲党史"志愿者团队

武汉革命博物馆广泛吸纳社会力量，建立系统完善的志愿服务及管理体系，打造了一支以离退休干部组成的"红巷爷爷"、在校大学生组成的"红巷青马"及中小学生组成的"红巷苗苗"为主体的"我在红巷讲党史"志愿服务团队。团队共有3000余名成员，每年义务讲解1.5万余批次，服务观众30万余人次，深度参与博物馆参观接待、观众服务、社教活动等工作，成为武汉革命博物馆高质量发展的重要力量。

"红巷苗苗研学营"是武汉革命博物馆培养"红巷苗苗"的摇篮，每年举办两期。研学课程内容丰富，形式多样，涵盖发声正音、礼仪形体、红色文化、演讲口才、德育美育、手工制作等方面，全面提升"红巷苗苗"的综合素质。在这一过程中，"红巷苗苗"从"研学营学员"摇身一变成为"红色文化小使者"，带着青少年讲好红色故事、赓续红色血脉的光荣使命，将红色文化在家庭、学校、社区中进行更深层次的实践和更大

"红巷苗苗研学营"正在上课

"红巷爷爷"传帮带"红巷苗苗"

范围的传播，让红色文化薪火相传。为了满足学校和社会的需求，在寒假班、暑假班的基础上，还增设了春季班，招生规模不断扩大。"红巷苗苗"已经成为优秀与荣誉的代名词。

"红巷爷爷""红巷青马""红巷苗苗"三代志愿者以歌舞表演、情景剧演出、诗词朗诵等形式参与"我在红巷讲党史"文艺宣讲活动中，与博物馆社教专员携手进社区、进企业、进学校、进军营、进乡村、进网络，掀起了全民学党史的热潮。

"红巷青马"在红色课堂上表演

"红巷苗苗"为观众送"福"

"我在红巷讲党史"志愿者团队充分展现了"一个人带动一家人，一家人影响一群人，一群人温暖一座城"的良好社会效应，彰显了"红色江山后继有人，中国特色社会主义事业薪火相传"的时代要求，已成为湖北地区知名的博物馆志愿者团队，是服务主题学习教育的一道亮丽风景线。

国际志愿者日主题活动暨十佳志愿者颁奖仪式

五、我们的节日

围绕春节、清明节、端午节、建党纪念日、建军节、抗战胜利纪念日、中秋节、国庆节、国家公祭日等重要时间节点，武汉革命博物馆充分结合自身特点，以"扬红色文化，展传统风采"为目标，有针对性地组织开展主题教育，引导广大干部群众弘扬中华优秀传统文化，厚植爱国主义情怀。

"我在红巷过大年"新春系列活动，为广大群众送上一份别具特色的"新年贺礼"。在活动中，武汉革命博物馆社教专员们向大家介绍传统文化的由来及特点，由志愿者和社区群众自编自演的精彩歌舞、朗诵等表演将活动推至高潮。同时，为增强观众的互动性，活动现场还邀请了非遗传承人带着大家体验剪纸、拓印、糖画、写春联、送"福"、制作漆扇等传统文化的乐趣；在清明节、中国人民抗战胜利纪念日、烈士纪念日、国家公祭日等重要时间节点，武汉革命博物馆组织社会观众、博物馆工作人员向烈士雕像鞠躬致哀，敬献鲜花，深切缅怀革命先辈，传承和弘扬爱国精神；在中国共产主义青年团成立 100 周年之际，武汉革命博物馆特举办"复兴路上青春闪光——武汉庆祝中国共产主义青年团成立 100 周年专题展"，展现百年来中国共青团的奋斗历程，激励广大青年永远跟着党走，奋进新征程，建功新时代；在二十四节气来临之时，武汉革命博物馆邀请"红巷苗苗"制作科普视频《苗苗说节气》，

我在红巷过大年——元宵喜乐会

"漆画手作绘端午　非遗传承情意长"端午节亲子活动

线上线下同步发力，以中华优秀传统文化精髓滋养公众，增强公众对中华优秀传统文化的认同感，坚定文化自信。

作为全国爱国主义教育示范基地，武汉革命博物馆始终以创新的形式加强观众对中华优秀传统文化的重视，以丰富的内容向观众传播中华优秀传统文化的精神内核。

六、红色文化"五进"

武汉革命博物馆坚持"以人民为中心"的工作导向，立足独特的红色文化资源，创新思路，推动红色文化"进校园、进社区、

红色文化"五进"启动仪式

进企业、进农村、
进军营"，用心用
情用力讲好中国
故事，传播红色文
化，让沉睡的文物
"活"起来，让广
大群众共享文化发

红色课堂上学生积极互动

展成果，真正融入居民的文化生活中。

　　为在青少年拔节孕穗的特殊时期，实现馆校协同育人的目的，武汉革命博物馆创新红色教育形式，配合学校基础教育，开发了品牌社教项目"红色课堂进校园"。在教学理念上，以学生为本，立足学生主体地位，突出红色文化资源优势，重参与、重过程、重体验、重反馈，用真心真情和红色文化滋养学生心灵；在教学内容上，学生不仅能到博物馆看红色文化、听红色文化，还能演红色文化、说红色文化、体验红色文化，既注重对红色文化的传达，又重视阐释精神内涵，活化红色资源，为红色基因注入时代气息；在教学形式上，打破传统的"你讲我听""你教我学"的单向输出模式，采用沉浸式、启发式、互动式教学方式，让广大中小学生通过多感官深入参与和互动的方式融入社教活动，如临其境、如历其事、如见其人。

　　为丰富课程内容，武汉革命博物馆将红色文化资源与青少年校内课本内容相结合，包括与大家耳熟能详的红色歌曲、历史人物、事件等相结合，创新打磨出新的思政课程，让红色人物走出课本，让红色故事照进书本，通过多方位解读，使人物和事件更立体、更鲜明。

为进一步让红色教育走进广大群众的"心头"，武汉革命博物馆还推动不同主题的文艺宣讲活动、流动展览"进社区、进企业、进农村、进军营"。为庆祝"三八"国际劳动妇女节，武汉革命博物馆走进汉阳区永丰街徐湾社区，举办武汉市家风故事巡讲巡演进社区进家庭活动。活动通过"主题展览 + 文艺宣讲"的形式，聚焦革命年代勇立潮头的巾帼先辈、新时代女性的家风故事，引导观众从革命先辈们的斗争经历中汲取智慧和力量，弘扬家国情怀。为深入践行党的二十大精神，武汉革命博物馆走进光谷生物城，以"党建 + 文艺"的形式，将红色艺术、中国传统艺术与党史学习教育跨界融合，开展"'艺'节党课"系列特色党员教育活动。武汉革命博物馆还与武汉市江夏区金口街道办事处、武汉市中山舰博物馆共同举办"推进精神文明建设　传播红色教育文化"主题教育展览进社区（村）巡回展览活动，推进城乡文化共享和文化帮扶，帮助居民树立科学健康的生活风尚，努力实现城乡公共文化服务均等化，助力乡村文化繁荣发展和精神文明建设。2024 年，在第九个"全民国家安全教育日"到来之际，武汉革命博物馆将"安邦基石——武汉国家安全教育展"送进中国人民解放军陆军工程大学军械士官学校，将独特的红色文化内涵和国家安全的生动案例融入讲解和社教活动中，增强全民国家安全意识和素养。

"红色文艺宣讲"走进汉阳徐湾社区

武汉革命博物馆始终坚守初心与使命，不断为广大群众提供多维度多角度多层次的公共文化服务，不断满足人民群众对美好生活的文化需求，进一步推动博物馆事业高质量发展，用心、用情、用力守护好、传承好、发扬好中华文明的根与魂，为在新的起点上继续推动文化繁荣、建设文化强国贡献力量。

七、行走的展览

近年来，武汉革命博物馆以联合办展、巡回展览等方式积极拓展红色文化传播的渠道和平台。每年遴选精品展览输送至全国各地的红色场馆、党政机关和企事业单位，在市内学校、乡村、军营、社区、企业等大力开展"五进"巡展活动，成为开展党史学习教育、革命传统教育和爱国主义教育的热门"打卡地"。

为进一步扩大红色展览辐射范围，建立推广红色文化品牌，武汉革命博物馆紧扣时代脉搏，围绕当年热点，积极加强与全国红色场馆及社会单位合作，及时推出系列巡展，共同利用好传承好红色资源，努力以多途径、多形式、多方参与的方式将红色文化的精神内核转化为推动社会进步的强大动力。

"纪律建设永远在路上——中国共产党纪律建设历史陈列"是武汉革命博物馆历时 3 年精心打造的国内首个全面反映党的纪律建设历程的基本陈列，曾荣获全国博物馆十大陈列展览精品特别奖。

2024 年是中华人民共和国成立 75 周年，武汉革命博物馆特别策划全国巡展，为开展党纪学习教育营造良好氛围，传承红色基因，赓续红色血脉，推动学习教育走深走实。展览输出到上海，山东济南、青岛，黑龙江哈尔滨，辽宁沈阳、锦州，江苏南通等全国多个城市的 10 多个红色场馆和高校机关，打造"行走的展览"，生动诠释了党的纪律建设永远在路上。

"信仰铸忠魂——中国共产党首届中央监察委员会成员专题展"是武汉革命博物馆依托中央监察委员会诞生地这一重要的红色资源精心打造的专题展览。2023 年展览全新升级改造后，在内容和形式方面均有重大突破，中国纪检监察报、中国社会科学报等多家媒体对展览做了专题报道，展览入选 2023 年"弘扬中华优秀传统文化、培育社会主义核心价值观"主题展览推介项目。

"纪律建设永远在路上——中国共产党纪律建设历史陈列"走进"九·一八"历史博物馆

"纪律建设永远在路上——中国共产党纪律建设历史陈列"走进上海工程技术大学

"信仰铸忠魂——中国共产党首届中央监察委员会成员专题展"走进中共四大纪念馆

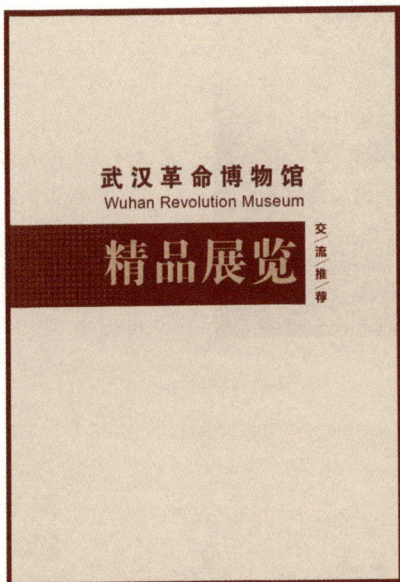

武汉革命博物馆
Wuhan Revolution Museum

精品展览

交／流／推／荐

目录

展览名称

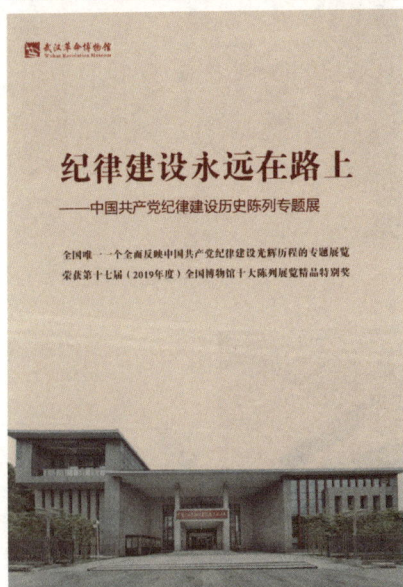

武汉革命博物馆
Wuhan Revolution Museum

纪律建设永远在路上

——中国共产党纪律建设历史陈列专题展

全国唯一一个全面反映中国共产党纪律建设光辉历程的专题展览
荣获第十七届（2019年度）全国博物馆十大陈列展览精品特别奖

展览简介

中国共产党自成立之日起，始终坚持把加强纪律建设作为自身建设伟大工程的重要组成部分。党的历史是为民族振兴、国家富强、人民幸福不懈奋斗的历史，也是不断推进党的纪律建设、保证党的事业取得伟大胜利的历史。

展览划分为"创立与探索""推进与曲折""恢复与发展""新时代 新征程"四个部分，全面、客观、真实地反映中国共产党在不同历史时期的纪律建设理念、战略方针及主要成果，激励人们不忘初心、牢记使命、砥砺前行，为夺取新时代中国特色社会主义伟大胜利、实现中华民族伟大复兴的中国梦而努力奋斗。该展览2019年正式开放，现被推出同主题巡展。

武汉革命博物馆展览宣传手册

展览在上海，江苏南京，江西南昌、瑞金，山东临沂等近10座城市巡回展出，引导广大党员干部群众从历史的起点探寻监督执纪的伟大足迹，警醒和激励党员干部继承先辈遗志，恪尽职守，用信仰与忠诚诠释中国共产党人的精神谱系。

展览输出期间，武汉革命博物馆和展览输出单位借助报刊、电视台、网站、直播平台、微信、微博等媒体平台对展览进行广泛宣传报道，持续扩大红色展览影响力，提升红色文化感召力。

为提升展览宣传效果，武汉革命博物馆制作展览宣传手册，直观展示展览基本情况和重点亮点，进一步提高了展览的曝光度和传播度。

为深入践行社会主义核心价值观，充分发挥博物馆服务社会的功能，认真落实文化惠民举措，武汉革命博物馆积极开展市内"五进"巡展活动，使英雄之城的红色资源"活"起来，真正融入居民的文化生活中。

武汉革命博物馆精品原创展览"复兴路上 青春闪光——武汉庆祝中国共产主义青年团成立100周年专题展"2022年一经开展即获得社会广泛关注，湖北日报、长江日报、"学习强国"学习平台等媒体对展览进行专题报道，展览荣获2022年全省六大陈列展览精品奖。在本馆展出的同时，展览还积极以流动展览的方式走进武汉中学、汉阳区税务局、武汉市洪山区人民检察院、中信建筑设计研究院、中国东方航空、武昌船舶重工集团、中韩石化、中国农业发展银行等19家学校、机关和企业，累计惠及公众10余万人次。

"复兴路上　青春闪光——武汉庆祝中国共产主义青年团成立100周年专题展"走进学校、机关和企业

武汉革命博物馆将"红色印记——武汉红色旧址掠影""安邦基石——武汉国家安全教育展""信仰铸忠魂——中国共产党首届中央监察委员会成员专题展""毛泽东在武汉图片展"等多个展览送到市内外学校、社区、乡村、军营等，让更多群众享受到文化惠民的成果，充分发挥红色场馆资政育人的功能，让红色历史更生动、更立体地走进民众心中，真正做到文化为民、文化乐民、文化育民。

武汉革命博物馆建立起涵盖报纸、电视、网站、微信、微博、抖音、B站等宣传形式的全媒体传播矩阵。人民日报、新华社、"学习强国"学习平台、湖北日报、湖北电视台、长江日报、武汉电视台等主流媒体每年报道200余次，利用自媒体推动报道近400条，多次入选中博热搜榜"十大热搜革命类博物馆纪念馆""热搜百强纪念馆及革命类博物馆"。

　　武汉革命博物馆始终不忘初心、牢记使命，坚持培根铸魂，守正创新，用心用情用力保护好、管理好、运用好红色资源，赓续共产党人的精神血脉，当好红色基因的传承者，做好红色文化的传播者，让红色文化"亮"起来、"活"起来、"热"起来，为铸牢中华民族共同体意识，实现中华民族伟大复兴贡献文博力量。

图书在版编目（CIP）数据

武汉革命博物馆 / 《武汉革命博物馆》编写组编.
北京 : 学习出版社，2025. 2. -- （"全国爱国主义教育
示范基地巡礼"系列图书）. -- ISBN 978-7-5147-1280-3

Ⅰ. G269.261

中国国家版本馆CIP数据核字第2025F42Z76号

武汉革命博物馆
WUHAN GEMING BOWUGUAN

本书编写组　编

责任编辑：徐　阳
技术编辑：朱宝娟
装帧设计：和物文化

出版发行：学习出版社
　　　　　北京市崇外大街11号新成文化大厦B座11层（100062）
　　　　　010-66063020　010-66061634　010-66061646
网　　址：http://www.xuexiph.cn
经　　销：新华书店
印　　刷：河北鹏润印刷有限公司

开　　本：710毫米×1000毫米　1/16
印　　张：9
字　　数：92千字
版次印次：2025年2月第1版　2025年2月第1次印刷

书　　号：ISBN 978-7-5147-1280-3
定　　价：46.00元

如有印装错误请与本社联系调换，电话：010-66064915